# 독별한 독일어 단어

Especially excellent German Word

권영숙·현희 지음

도서출판 양서각

**독별한 독일어 단어**

지은이 권영숙·현희

발행일 2018년 02월 20일
ISBN 978-89-5568-441-4
정가 13,000원

펴낸이 신대영
펴낸곳 도서출판 양서각
디자인 이동우 · 정수진 · 조우경
일러스트 임예영
편집 신동해 · 정수진 · 하해란
yangseogak@gmail.com

# Vorwort 책을 내며

독일어 학습을 위한 교재와 참고서가 지속적으로 개발되어 출판되고 있다.
대부분의 참고서들은 독일어 학습자 또는 교수자 일방의 학습 증진이나 효율적인 독일어 수업을 위해 제작되고 있다. 본 교재는 독일어를 배우는 학습자와 독일어를 가르치는 교수자가 함께하는 학습용 참고 도서이다.

독일어뿐만 아니라 외국어를 배우는 학습자에게 가장 큰 어려움은 어휘를 체계적으로 습득하는 데 있을 것이다. 그 동안 크기와 분량이 다른 다양한  독한사전이 출판되었다. 그러나 우리나라에서 어휘 학습만을 위해 개발된 교재는 흔치 않다.

학습자와 교수자 모두에게 충분한 어휘연습과 효과적인 어휘학습 및 교수법을  만족시킬 수 있는 교재는 없을까? 이러한 바람을 이루기 위해서 수년간 독일문화원과 대학의 현장 수업에서 체득한 내용을 바탕으로 새로운 종류의 사전 형 참고서로서 본 교재를 개발하고 출판하게 되었다.

이 책의 특징은 주제별로 독일어 어휘를 정리하여, 문장 속에서 어휘와 어휘의 용법이 어우러져 하나가 되어 활용할 수 있도록 사례를 중심으로 다루었다. 특히 독일문화원 어학능력시험 B1를 위한 표준 어휘들 이외에도 일상생활에서 기본이 되는 필수 어휘들을 수록하였다.

또한, 학습자들이 어휘활용 방법을 한 눈에 익힐 수 있도록 구성하였고 어휘학습에 집중할 수 있도록 기초적인 문법은 덧붙여 설명하지 않았다. 이를 사전적 학습에 머물지 않기 위해 현지독일에서 사용되는 생생한 예문과 그림을 제시하여 더욱 쉽게 이해할 수 있도록 하였다.

지금까지 출간된 다양한 독일어 교재와 함께 부교재로서 수업에 활용할 수 있으며 또한 혼자 공부하는  이들도 참고하여 익힐 수 있도록 체계화하였다. 이를 위해 주제별로 주제와 직접연관성이 있는 주요 단어들은 왼쪽에 그리고 예문을 해석하는데 필요한 연관단어들은 예문 하단에 수록하였다. 이를 통하여 주제와 관련된 어휘들을 익히고, 제시된 예문을 통해 어휘사용법을 이해하여 새로운 문장을 스스로 만들어 볼 수 있도록 하였다.

이를 통해 어휘사용법에 그치지 않고 독일어 학습과 독일의 문화도 아울러 경험할 수 있는 작은 독일어 용광로가 되도록  구성하였다.

이 책의 출판을 위해 검토해준 Frau Eva Wittmer, Frau Grit Lehmann,  김광현군과 출판사 관계자들에게 이 자리를 빌어 감사드린다.

저자일동

# 책의 구성

본 책은 어휘 및 어휘 활용의 효과적인 학습 및 교수를 위하여 다음과 같이 구성을 하였다.

**[챕터]** 어휘 및 어휘 활용 방법을 한 눈에 익힐 수 있도록 아래와 같이 대주제 및 이와 관련된 소주제들로 구성하였고 이에 관련된 예문으로 시작하였다.

**[중요 단어]** 주제와 직접 연관되어 있는 어휘 (낱말 혹은 동사)들은 한 눈에 알아볼 수 있도록 분홍색으로 표기하였다.

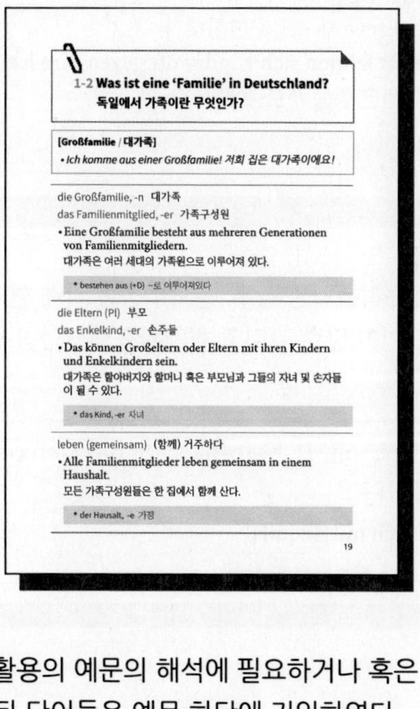
1-2 **Was ist eine 'Familie' in Deutschland?**
**독일에서 가족이란 무엇인가?**

**[Großfamilie / 대가족]**
• *Ich komme aus einer Großfamilie! 저희 집은 대가족이에요!*

die Großfamilie, -n 대가족
das Familienmitglied, -er 가족구성원
• Eine Großfamilie besteht aus mehreren Generationen von Familienmitgliedern.
대가족은 여러 세대의 가족원으로 이루어져 있다.

* bestehen aus (+D) ~로 이루어져있다

die Eltern (Pl) 부모
das Enkelkind, -er 손주들
• Das können Großeltern oder Eltern mit ihren Kindern und Enkelkindern sein.
대가족은 할아버지와 할머니 혹은 부모님과 그들의 자녀 및 손자들이 될 수 있다.

* das Kind, -er 자녀

leben (gemeinsam) (함께) 거주하다
• Alle Familienmitglieder leben gemeinsam in einem Haushalt.
모든 가족구성원들은 한 집에서 함께 산다.

* der Hausalt, -e 가정

19

**[참고 단어]** 활용의 예문의 해석에 필요하거나 혹은 주제와 간접적으로 연관된 단어들은 예문 하단에 기입하였다.

**[명사표기]** 명사들은 성과 함께 복수형을 표기하였다.
단수형으로만 사용되는 명사는 단수형(Sg), 복수형으로만 사용되는 명사는 복수형(Pl)이라고 명시하여 표기하였다.

**die Eltern (Pl)** 부모

das Enkelkind, -er 손주들

• Das können Großeltern oder Eltern mit ihren Kindern und Enkelkindern sein.

대가족은 할아버지와 할머니 혹은 부모님과 그들의 자녀 및 손자들이 될 수 있다.

* das Kind, -er 자녀

**die Pubertät (Sg)** 사춘기

sich auf|lehnen gegen +A ~에게 반항하다

• In der Pubertät lehnen sich Kinder oft gegen ihre Eltern auf.

사춘기에 아이들은 종종 부모들에게 대든다.

* die Eltern (Pl) 부모님

**[동사표기]** 불규칙동사인 경우, 동사부정형 뒤에 현재형 3인칭 단수, 과거형 3인칭 단수 그리고 현재완료형 3인칭 단수를 표시하였다.

sich betrinken mit+D, betrank sich, hat sich betrunken
~를 마셔 취하다

• Sie betrank sich mit Tequila.

그녀는 데킬라를 취하도록 마셨다.

**[분리동사]** 동사들 중 분리동사인 경우 분리전철은 가운데 선 “ | ”을 넣어 표시하였다.

zusammen|leben 함께 살다, 동거하다

- Ich finde sie nett und möchte mit ihr zusammenleben.

나는 그녀를 친절하다고 생각해요. 그녀와 함께 살고 싶어요.

**[약어]**

| | | | |
|---|---|---|---|
| **D** | Dativ | **jm** | jemandem |
| **A** | Akkusativ | **jn** | jemanden |
| **N** | Nominativ | **Inf** | Infinitiv |
| **Sg** | Singular | **etw** | etwas |
| **Pl** | Plural | | |
| **ugs** | umgangssprachlich | | |

# Inhalt 차례

# 01

# Familiäre Beziehungen
## 가족관계

## 1-1 Stammbaum : Ich und meine Familie
## 가계도 : 나와 나의 가족

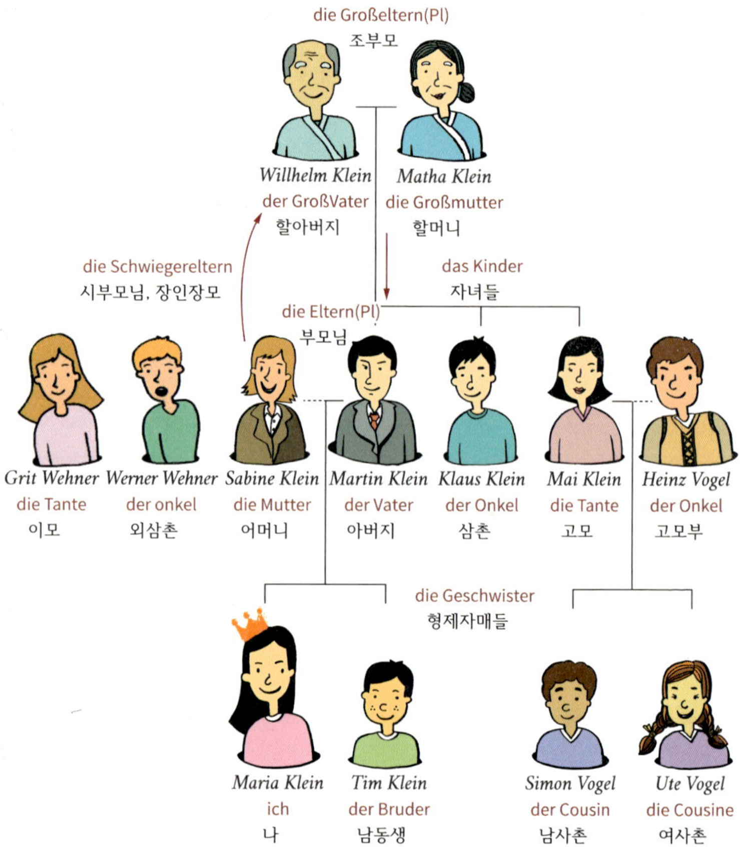

die Tochter, ¨- 딸

• Ich bin Maria. Ich bin die Tochter von Sabine und Martin Klein.

나는 마리아이다.나는 자비네와 마틴 클라인의 딸이다.

der Vater, ¨- 아버지

• Martin Klein ist mein Vater.

마틴 클라인은 나의 아버지이다.

die Mutter, ¨- 어머니

• Sabine Klein ist meine Mutter. Ihr Geburtsname ist Wehner.

자비네 클라인은 나의 어머니이다. 엄마의 출생성은 베너이다.

die Frau, -en 부인, 아내

• Sie ist die Frau von meinem Vater.

그녀는 나의 아버지의 아내이다.

der Bruder, ¨- 형제

• Tim ist mein Bruder. Er ist 3 Jahre jünger als ich.

팀은 내 남동생이다. 팀은 나보다 세 살 어리다.

die Großmutter, ¨- 할머니

• Martha Klein ist meine Großmutter. Sie ist die Mutter von meinem Vater, Martin Klein.

마르타 클라인은 나의 할머니이다. 할머니는 나의 아버지인 마틴 클라인의 어머니이다.

die Schwiegermutter, ¨- 시어머니, 장모

• Außerdem ist sie die Schwiegermutter von meiner Mutter, Sabine Klein.

또한 나의 어머니인 자비네 클라인의 시어머니이다.

der Großvater, ¨- 할아버지

• Willhelm Klein ist mein Großvater.

빌헬름 클라인은 나의 할아버지이다.

der Schwiegervater, ¨- 시아버지, 장인

• Er ist der Vater von meinem Vater und der Schwiegervater von meiner Mutter.

할아버지는 나의 아버지의 아버지이시고 나의 어머니의 시아버지이다.

die Großeltern (Pl) 조부모

• Meine Großeltern Willhelm und Martha Klein haben drei Kinder, nämlich meinen Vater, meinen Onkel Klaus und meine Tante Mai.

나의 조부모인 빌헤름과 마르타 클라인에게 세 명의 자녀가 있는데, 나의 아버지, 클라우스 삼촌, 그리고 마이 고모이다.

* die Tante, -n 고모
* der Onkel, - 삼촌
* das Kind, -er 자녀들

die Schwiegertochter, ¨- 며느리 | der Schwiegersohn, ¨-e 사위

• Sie haben eine Schwiegertochter, meine Mutter, und einen Schwiegersohn, den Mann meiner Tante Mai. Er heißt Heinz Vogel.

할아버지와 할머니에게는 며느리 한 명과(나의 엄마)와 사위가 한 명 있는데, (사위는) 마이 고모의 남편이며 이름은 하인쯔 포겔이다.

* der Mann, ¨-er 남편

---

das Enkelkind, -er 손주 | die Enkeltochter, ¨- 손녀
der Enkelsohn, ¨-e 손자

• Sie haben auch vier Enkelkinder: zwei Enkeltöchter, mich und Ute, und zwei Enkelsöhne, meinen Bruder Tim, und Simon. Simon ist der Sohn meiner Tante Mai.

할아버지와 할머니는 네 명의 손주가 있다. 손녀는 나와 우테, 손자는 나의 남자형제인 팀과 시몬이다. 시몬은 마이고모의 아들이다.

---

der Onkel, - 삼촌, 작은 아버지

• Mein Onkel Klaus ist Single und von Beruf Künstler.

나의 삼촌 클라우스는 독신이고 예술가이다.

* der Single, –s 독신
* der Beruf, -e 직업
* der Künstler, - 예술가

---

die Tante, -n 고모, 이모

• Meine Tante Mai und ihr Mann, Heinz Vogel sind seit 1992 verheiratet.

나의 고모 마이와 고모의 남편인 하인쯔 포겔은 1992년도에 결혼하였다.

* verheiratet sein mit +D ～와 결혼한 사이다

die Nichte, -n 여조카 | der Neffe, -n 남조카

• Ich bin ihre Nichte und mein Bruder Tim ist ihr Neffe.
나는 그들의 여조카이고 내 남동생 팀은 남조카이다.

die Cousine, -n 여사촌 | der Cousin, -s 남사촌

• Meine Tante Mai und ihr Mann Heinz haben zwei Kinder, Ute und Simon Vogel. Ute ist meine Cousine, und Simon ist mein Cousin.
나의 고모 마이와 고모부인 하인쯔는 두 명의 자녀가 있는데 우테 그리고 시몬 포겔이다. 우테는 나의 여사촌이고 시몬은 나의 남사촌이다.

die Tante, -n 이모 | der Onkel, - 삼촌

• Meine Mutter, Sabine Klein, hat eine Schwester, Grit Wehner, und einen Bruder, Werner Wehner. Grit ist meine Tante und Werner ist mein Onkel.
자비네 클라인인 나의 엄마는 자매인 그릿 베너와 형제인 베르너 베너가 있다. 그릿은 나의 이모이고 베르너는 나의 외삼촌이다.

* die Schwester, -n 자매

die Schwägerin, -nen 형수, 처제, 올케
der Schwager, ¨- 형부, 처남, 매부, 매형

• Tante Grit ist die Schwägerin von meinem Vater und Onkel Werner ist der Schwager von meinem Vater.
그릿 이모는 나의 아버지인 마틴 클라인의 처제이고 베르너삼촌은 나의 아버지의 처남이다.

## 1-2 Was ist eine ‚Familie' in Deutschland?
## 독일에서 '가족'이란 무엇인가?

**[Großfamilie / 대가족]**

• *Ich komme aus einer Großfamilie! 저희 집은 대가족이에요!*

---

die Großfamilie, -n 대가족

das Familienmitglied, -er 가족구성원

• Eine Großfamilie besteht aus mehreren Generationen von Familienmitgliedern.

대가족은 여러 세대의 가족원으로 이루어져 있다.

* bestehen aus +D ~로 이루어져있다

---

die Eltern (Pl) 부모 | das Enkelkind, -er 손주들

• Das können Großeltern oder Eltern mit ihren Kindern und Enkelkindern sein.

대가족은 할아버지와 할머니 혹은 부모님과 그들의 자녀 및 손자들이 될 수 있다.

* das Kind, -er 자녀

---

leben (gemeinsam) (함께) 거주하다

• Alle Familienmitglieder leben gemeinsam in einem Haushalt.

모든 가족구성원들은 한 집에서 함께 산다.

* der Hausalt, -e 가정

**[Kleinfamilie / 소가족]**

• *Ich bin ein Einzelkind! 저는 외동아들(딸)이에요!*

die Kleinfamilie, -n 소가족

• Als Kleinfamilie wird eine Familie mit einem Kind bis zu zwei Kindern bezeichnet.

소가족은 자녀 한 명이나 혹은 두 명으로 된 가족을 지칭한다.

* bezeichnen 지칭하다

der Erwachsene, -n 성인 | der Haushalt,-e 가정
das Kind, -er 어린이

• Eine Kleinfamilie besteht aus den Eltern und ein oder zwei Kindern. Sie leben zusammen in einem Haus.

소가족은 부모와 한 명 혹은 두 명의 자녀로 이루어지며 한 집에서 함께 산다.

* zusammen|leben 함께 살다

das Adoptivkind, -er 입양아 | das Pflegekind, -er 양자, 위탁아

• Kleinfamilien können auch Adoptiv-oder Pflegekinder mit einschließen.

소가족에는 입양아 혹은 위탁아도 포함된다.

* ein|schließen, schloss ein, hat eingeschlossen 포함하다

**[Adoptivfamilie / 입양가족]**

- *Wir lieben alle unsere Kinder sehr. 우리들은 우리 아이 모두를 매우 사랑해요.*

---

die Adoption, -en 입양

- Bei einer Adoption nehmen die Eltern ein Kind wie ihr leibliches Kind auf.
  입양할 때 부모는 아이를 자신의 친자녀처럼 받아들인다.

  * auf|nehmen (nimmt auf), nahm auf, hat aufgenommen 수용하다, 받아들이다.

---

das (kinderlose) Paar, -e (아이가 없는) 부부

- Ein Kind zu adoptieren bedeutet für viele kinderlose Paare die Erfüllung eines großen Traumes.
  아이를 입양한다는 것은 아이가 없는 많은 부부들에게 소원하던 꿈이 이루어지는 것을 의미한다.

  * bedeuten 의미하다
  * das Paar, -e 한 쌍
  * die Erfüllung, -en 이룸, 채움
  * der Traum, ¨-e 꿈

**[Familie ohne Kinder / 자녀가 없는 가족]**

• *Ein Leben ohne Kind! 아이 없는 삶!*

---

bleiben (ohne Kinder), blieb, ist geblieben (아이가 없이) 있다

• Immer mehr Paare in Deutschland, Korea, und vielen anderen Ländern, bleiben ohne Kinder.

독일, 한국 그리고 많은 다른 나라에서 아이가 없는 부부들이 점점 더 많이 늘어난다.

---

die Karriere, -n 출세, 성공 | beruflich 직업적

• Sie entscheiden sich für eine berufliche Karriere.

많은 부부들이 직업적인 출세를 택한다.

* sich entscheiden für +A, sich entschied, hat sich entschieden ~을 결정하다, 택하다

---

(beruflich) erfolgreich sein (직업적으로) 성공적이다

genießen (das Leben) (ohne Kinder), genoß, hat genossen (아기가 없이) (삶을) 즐기다

• Sie sind beruflich erfolgreich, verdienen gut und genießen ihr Leben ohne Kinder.

그들은 직업적으로 성공했고, 돈을 많이 벌며 아이가 없는 삶을 즐긴다.

* (gut) verdienen 돈을 (잘) 벌다
* das Leben , - 삶 *대부분 단수형으로 사용

die Freizeit (Sg) 여가 | der Urlaub (Sg) 휴가 |
der Beruf, -e 직업

• Sie scheinen mehr Werte auf ihre Freizeit sowie ihren Urlaub und ihren Beruf zu legen.

그들은 여가생활, 휴가 그리고 직업에 더 큰 의미를 두는 듯하다.

**[Patchworkfamilie / 재혼가정]**

• *Einmal Familie neu gemischt! 가정이 새롭게 이루어졌네요!*

die Stiefmutter, ¨- 새엄마 | der Stiefvater, ¨- 새아빠
der Elternteil, -e 부모의 한쪽

• Wenn ein Elternteil mit einem neuen Lebenspartner oder einer neuen Lebenspartnerin eine Ehe schließt, ist die Bezeichnung für den neuen Elternteil Stiefvater oder Stiefmutter.

부모 중 한쪽이 새로운 인생의 동반자와 결혼하면 이들은 새엄마 혹은 새아빠라고 불린다.

die Patchworkfamilie, -n 재혼가정

• Heute nennt man diese Lebensgemeinschaft Patchwork-familie.

오늘날 이러한 새로운 삶의 동반 형태를 재혼가정이라고 부른다.

* die Lebensgemeinschaft, -en 삶의 동반형태

* das Leben , - 삶
* 대부분 단수형으로 사용

mit|bringen (in die neue Beziehung), brachte mit, hat mitgebracht
(새로운 관계에) 데리고오다

• Entweder bringt die Mutter oder der Vater, oder beide Partner (seine/ihre) Kinder in die neue Beziehung mit.
엄마나 아빠, 혹은 양 부모가 자신의 아이들을 새로운 관계에 데리고 들어온다.

* entweder~ oder~ -이거나 혹은…

**[Single-Haushalte / 독신가정들]**
• *Jeder Fünfte lebt allein! 다섯 사람 중 한 사람은 독신으로 산다!*

der Single-Haushalt, -e 독신가정, 싱글족

• Haushalte mit nur einer Peson bezeichnet man als Single-Haushalt.
한 사람으로만 이루어진 가정을 독신가정이라고 말한다.

• Diese Personen wohnen allein, auch wenn sie einen Partner oder eine Partnerin haben.
이들은 (결혼을 목적으로) 사귀는 사람이 있다하더라도 혼자 산다.

der Haushalt, -e 가정

• Mehr als ein Fünftel der Haushalte in Deutschland sind Single-Haushalte. Die Gründe dafür sind vielfältig.
독일의 1/5이상의 가정이 독신가정이다. 독신의 이유는 다양하다.

die Freiheit (Sg) 자유 | sich (nicht) binden, band, hat gebunden 서로 얽매이려고 하(지않)다

• Sie halten ihre Ansprüche an eine(n) mögliche(n) Lebenspartner(in) häufig sehr hoch.

자주 미래 인생의 동반자에 대한 기대치가 매우 높다.

• Viele bevorzugen ihre Freiheit.

많은 싱글족들은 자신의 자유를 우선시한다.

übernehmen (nicht) (Verantwortung), übernahm, hat übernommen (책임)을 지(지 않는)다

• Ein anderer Grund könnte darin liegen, dass sie wegen Studium oder Arbeit, etc. umziehen müssen.

또 다른 이유로는, 그들이 학업이나 직장 등의 이유로 (혼자서) 이사를 가야하기 때문이다.

• Oder sie sind finanziell noch nicht in der Lage, die Verantwortung für eine Familie zu übernehmen.

혹은 그들이 아직 가정에 책임을 질 경제적 능력이 부족하기 때문이다.

* der Anspruch, ¨-e ~요구
* häufig 종종
* bevorzugen 선호하다

## [Regenbogenfamilien / 동성애자가정]

die Regenbogenfamilie, -n 동성애자가정 | alternativ 대안적인

- Die Regenbogenfamilie ist eine alternative Familienform und bezieht sich auf gleichgeschlechtliche Paare (mit Kindern).

  동성애자가정은 하나의 대안적 가족형태이며 (아이가 있는) 동성애 부부들과 연관성이 있다.

  * die Familienform, -en 가정형태

homosexuell 동성애의 | heterosexuell 이성애의

- Homosexuelle Menschen (Lesben, Schwulen) wünschen sich, genauso wie heterosexuelle Menschen, Kinder.

  동성애자들도 이성애자와 마찬가지로 아이들을 원한다.

  * die Lesbe, n (usg) (여성) 동성애자
  * der Schwule, -n (usg) (남성) 동성애자

gleichgeschlechtlich 동성의

- Seit 2015 dürfen in Deutschland gleichgeschlechtliche Partner Adoptivkinder aufnehmen.

  독일은 2015년부터 동성애 부부들의 아이입양을 허가하고 있다.

  * das Adoptovkind, -er 입양아
  * auf|nehmen (nimmt auf), nahm auf, hat aufgenommen 수용하다. 받아 들이다

# 02

## Umgang mit Menschen
## 사람들과의 관계

## 2-1 Lebensabschnitte
## 인생경로

• *Menschen sind soziale Wesen!*
*인간은 사회적 존재이다!*

**[das Baby / 아기]**

die Tochter, ¨- 딸 | der Sohn, ¨-e 아들
der Zwiling, -e 쌍둥이

• Meine Tochter Nina ist 6 Monate alt. Mein Sohn Pablo ist auch 6 Monate alt. Sie sind Zwillinge.

나의 딸 니나는 6개월 아이이다. 나의 아들 파블로 또한 6개월 된 아이이다. 이 둘은 쌍둥이다.

* ~Jahr(e) alt sein ~(나이)이다

das Baby, -s 아기 | wickeln 기저귀를 채우다 | füttern 먹이다

• Sie sind noch Babys. Sie müssen oft gewickelt und gefüttert werden. Ich stille sie auch in der Nacht.

이 둘은 아직 아기들이다. 자주 기저귀를 갈아 주고 먹을 것을 주어야 한다. 아기들이라 밤에도 젖을 먹인다.

* stillen 젖을 먹이다

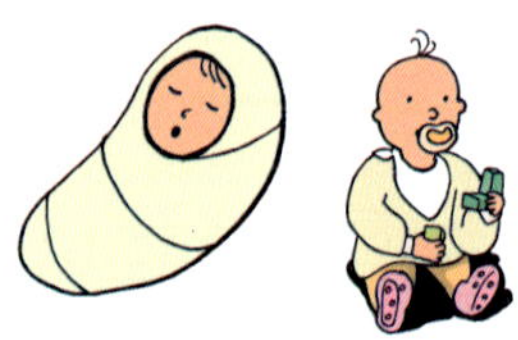

**[das Kind / 어린이]**

das Kind, -er 어린이 | der Kindergarten, ¨- 유치원

- Nina ist ein 3-jähriges Kind und geht in den Kindergarten.
  니나는 세 살된 어린이고 유치원에 간다.

  * gehen (in den Kindergarten) , ging, ist gegangen (유치원에) 가다

der Spielplatz, ¨-e 놀이터 | der Sandkasten (Sg) 모래 놀이터

- Kinder spielen gern im Sandkasten.
  아이들은 모래 놀이터에서 놀기를 좋아한다.

**[der/die Jugendliche / 청소년]**

der/die Jugendliche, -n 청소년

das Mädchen, - 소녀 | der Junge, -n 소년

- Mädchen und Jungen im Alter von 12 bis 18 Jahren werden als Jugendliche bezeichnet.
  12살과 18살 사이의 소녀와 소년들은 청소년이라고 한다.

besuchen (Hauptschule, Gymnasium oder Realschule)
(종합학교,김나지움 혹은 직업학교) 다니다

- Sie besuchen die Hauptschule, das Gymnasium oder die Realschule.
  그들은 종합학교, 김나지움 혹은 직업학교를 다닌다.

bilden (Gruppe) (무리)를 짓다 | verbringen ((Frei-)Zeit), verbrachte, hat verbracht ((여가)시간을) 보내다

- Sie finden Freunde, bilden Gruppen und verbringen ihre Freizeit gemeinsam.

  그들은 친구를 사귀고 무리를 지어 함께 여가시간을 보낸다.

  * die Gruppe, -n 그룹, 무리

---

spielen (Computerspiele) (컴퓨터게임)하다
treiben (Sport), trieb, hat getrieben (운동)하다
hören (Musik) (음악을) 하다
lesen (liest), las, hat gelesen 읽다

- In ihrer Freizeit spielen sie oft Computerspiele, treiben Sport, hören Musik oder lesen.

  여가시간에 그들은 컴퓨터 게임을 하거나 운동을 하거나 음악을 듣거나 책을 읽는다.

  * das Computerspiel, -e 컴퓨터 게임 * der Sport (Sg) 운동
  * die Musik (Sg) 음악

---

die Pubertät (Sg) 사춘기
sich auf|lehnen gegen +A ~에게 반항하다

- Während der Pubertät lehnen sich Kinder oft gegen ihre Eltern auf, es gibt viel Streit und Probleme, oft auch in der Schule.

  사춘기 때의 아이들은 종종 부모들에게 대든다. 싸우기도 하고 문제도 많이 일으키는데 학교에서도 종종 그렇다.

werden (selbständig), wurde, ist geworden (독립적) 되다

- Sie werden selbstbewusster und selbständiger.
  그들은 자의식이 더 생기며 또한 더 독립적이 된다.

* selbstbewusst 자의식이 있는

**[der/die Erwachse / 어른]**

der/die Erwachsene 어른
der Mann, ¨-er 남자 | die Frau, -en 여자

- Man ist mit 18 Jahren volljährig. Man ist jetzt kein Kind mehr, sondern ein Mann oder eine Frau.
  18살에 성년이 되고, 어린아이가 아니라 남자와 여자가 된다.

* volljährig 성년의 * erwachsen 성인의

das Wahlrecht (Sg) 선거권

- Sie beginnen nach ihrem Schulabschluss eine Ausbildung oder ein Studium. Außerdem haben sie das Wahlrecht.
  그들은 고등학교를 졸업한 후에 직업교육을 시작하거나 대학에 진학한다. 또한 그들은 선거권을 가진다.

gründen (Familie) (가정을) 이루다

- Sie dürfen auch eine Familie gründen. Das heißt, sie dürfen heiraten.
  그들은 또한 가정을 이룰 수 있는데 즉 (부모의 동의 없이) 결혼해도 된다.

**[der Senior/die Seniorin / 노인]**

---

der Senior, -en (남성) 노인 | die Seniorin, -nen (여성) 노인

- Senioren ab 65 Jahren können in Korea öffentliche Verkehrsmittel kostenlos nutzen. In Deutschland dürfen sie mit ermäßigter Fahrkarte fahren.

  한국에서는 65세 이상 노인들이 공공교통 수단을 무료로 이용할 수 있다. 독일에서는 할인된 차표로 차를 탈 수 있다.

  * nutzen (öffentliche Verkehrsmittel) (공공교통수관을) 사용하다
  * die Fahrkarte, -n 교통카드
  * kostenlos 무료로
  * ermäßigt 할인된

---

der Sitzplatz (für Senioren), ¨-e (노인을 위한) 좌석

- In Korea gibt es in Bussen oder in U-Bahnen spezielle Sitzplätze für Senioren. Diese Sitzplätze sind besonders markiert.

  또한 한국의 버스나 지하철에는 노인들을 위한 좌석이 있으며 그러한 자리는 특별히 표시되어있다.

---

gehen (in Rente), ging, ist gegangen (정년퇴직)하다

- In Deutschland geht man mit 67 in Rente.

  독일에서는 67세가 되면 정년을 맞이한다.

**[der/die Verwandte / 친척]**

der/die Verwandte, -n 친척

die Tante, -n 이모 | der Onkel, - 삼촌

- Das sind meine Verwandten: die ältere Schwester meiner Mutter ist meine Tante, und der jüngere Bruder meiner Mutter ist mein Onkel.

이 분들은 나의 친척들이다. 어머니보다 나이가 많은 자매는 나의 이모이고 삼촌은 어머니보다 나이가 적은 남동생이다.

* älter 나이가 더 많은 * jünger 나이가 더 어린

zusammen|feiern (Geburtstag) (생일을) 함께 축하하다

- Wir feiern zusammen den 50. Geburtstag meiner Mutter.

우리들은 엄마의 50세 생일을 함께 축하한다.

* der Geburtstag, -e 생일

**[der Schulfreund/die Schulfreundin / 학교친구]**

der Schulfreund, -e (남성) 학교친구
die Schulfreundin, -nen (여성) 학교친구
die Grundschule,-n 초등학교

- Min ist meine alte Schulfreundin. Ich kenne sie schon aus der Grundschule. Wir haben immer noch Kontakt und treffen uns oft.

  민은 나의 옛 학교 친구이다. 나는 민을 초등학교시절부터 알고 지냈다. 우리들은 아직도 연락하는 사이이고 자주 만난다.

  * der Kontakt, e 교제, 접촉
  * treffen(trifft), traf, hat getroffen 만나다

der/die Kommilitone, -n (남성) 대학교친구, 동창생
die Kommilitonin, -nen (여성) 대학교친구

- Thomas und ich studieren Physik an der gleichen Uni. Er ist mein Kommilitone.

  토마스와 나는 같은 대학에서 물리학을 공부한다. 토마스는 나의 대학교 학우이다.

**[der Kollege/die Kollegin / 직장동료]**

der Kollege, -n (남성) 직장동료
die Kollegin, -nen (여성) 직장동료 | die Firma, -en 회사

- Inge arbeitet mit mir zusammen in der gleichen Firma. Sie ist meine Kollegin.
  잉에는 나와 함께 같은 회사에서 일한다. 그녀는 나의 (여)직장동료이다.

  * arbeiten (zusammen) (함께) 일하다

**[der Nachbar/die Nachbarin / (여)이웃]**

der Nachbar, -n (남성) 이웃 | die Nachbarin, -nen (여성) 이웃
die Einweihungsparty, -s 집들이

- Seit einem Monat wohne ich in dieser Wohnung. Ich will meine Nachbarn zu einer Einweihungsparty einladen, um sie kennenzulernen.
  나는 이 아파트에 한 달째 거주하고 있다. 나는 이웃들을 사귀고 싶어서 집들이 파티에 초대하려고 한다.

  * kennen|lernen 사귀다
  * ein|laden zu +D (lädt ein), lud ein, hat eingeladen ~에 초대하다

## 2-2 Freundschaft, Bekanntschaft und Beziehung
## 우정, 사귐 그리고 교제

• *Wie kann ich ihn nur ansprechen?*
*그에게 어떻게 말을 걸어야할까?*

### [die Freundschaft / 우정]

auf|nehmen (Kontakt) zu +D (nimmt auf), nahm auf, hat aufgenommen ~에게 (연락을) 취하다

• Minsu, hast du schon Kontakt zu deiner Gastfamilie in Deutschland aufgenommen?

민수, 독일에서 네가 묵을 집의 가족이랑 연락이 닿았니?

* der Kontakt, -e 연락, 접촉 * die Gastfamilie, -n 홈스테이 할 가족

aus|kommen, kam aus, ist ausgekommen 사이좋게 지내다

• Wir sind enge Freunde und kommen normalerweise gut miteinander aus.

우리는 좋은 친구이고 일반적으로 사이좋게 지낸다.

sich aus|sprechen (spricht aus), sprach aus, hat ausgesprochen
(서로 충분히) 다 말하다

• Aber letzte Woche hatten wir einen großen Streit. Gestern haben wir uns dann ausgesprochen, und nun sind wir wieder beste Freunde.
그러나 지난주 우리들은 심하게 다투었다. 어제 우리는 서로의 생각을 충분히 이야기한 후 또 다시 가장 친한 친구가 되었다.

* best 최고의, gut의 최상급

beliebt sein bei +D ~에게 인기가 많다

• Ina ist sehr beliebt bei ihren Freunden.
이나는 친구들 사이에서 인기가 많다.

sich duzen 말을 놓다

• Wir kennen uns jetzt schon seit einer Woche. Wollen wir uns duzen?
우리가 안지도 벌써 일주일이 되었는데 서로 말을 놓을까요?

erhalten (Freundschaft) (erhält), erhielt, hat erhalten
(우정을) 보존하다

• Kleine Aufmerksamkeiten erhalten die Freundschaft.
작은 정성이 우정을 지킨다.

* die Freundschaft (Sg) 우정 * die Aufmerksamkeit, -en 관심

aufrecht|erhalten (Beziehung) (관계를) 유지하다

- Wir wollen eine  gute Beziehung zu allen Freunden aufrecht erhalten.

우리는 모든 친구들과 좋은 관계를 유지하고 싶어요.

* die Beziehung zu +D ~와의 관계

finden (Freunde), fand, hat gefunden (친구를) 찾다, 사귀다

- Hast du an deinem neuen Wohnort schon Freunde gefunden?

새로 이사한 동네에서 벌써 친구를 사귀었니?

* der Wohnort, -e 주거지
* der Freund, -e 친구

haben (gern) 좋아하다

- Sie ist sehr nett, jeder hat sie gern.

그녀는 정말 친절해, 누구나 그녀를 좋아하지.

hören von +D ~의 소식을 듣다

- Es hat mich sehr gefreut, wieder von dir zu hören!

너의 소식을 다시 듣게 되어 매우 기뻤다!

sich hüten vor +D ~을/를 조심하다, 경계하다

- Hüte dich vor Freunden mit falschen Versprechungen!

거짓 약속을 하는 친구들을 조심해라!

* die Versprechung, -en 약속

sich interessieren für +A ~에 관심이 있다

• Wir interessieren uns sehr für Sport und Musik.
우리는 스포츠와 음악에 관심이 많다.

kennen|lernen 알게되다, 사귀다

• Wo habt ihr euch eigentlich kennengelernt?
너희들은 도대체 어디서 알게 된거야?

leihen, lieh, hat geliehen ~을/를 빌려 주다

• Kannst du mir mal 10 Euro leihen?
10유로를 나에게 빌려줄 수 있겠니?

pflegen (Freundschaften) (우정을) 가꾸다

• Freundschaften müssen gepflegt werden.
우정은 가꾸어야져야 한다.

quatschen (ugs) 수다 떨다

• Hast du heute Abend Zeit? Lass uns mal wieder quatschen.
오늘 저녁에 시간 있니? 수다 좀 떨자.

schließen (Freundschaft), schloß, hat geschlossen
(우정을) 맺다

• Kinder schließen schnell neue Freundschaften.
아이들은 금방 친구가 된다.

sich täuschen in +D ~을/를 잘못 평가하다

• Ich fürchte, ich habe mich in ihm getäuscht.
내가 그를 잘못 평가한 것 같다.

sich treffen mit +D (trifft), traf, hat getroffen ~와 만나다

• Ich treffe mich heute Abend mit meinem Freund in der Stadt.

나는 오늘 저녁에 시내에서 친구를 만난다

sich verabreden mit +D ~와 약속하다

• Heute Abend habe ich mich mit meiner Freundin verabredet. Wir gehen ins Kino.

오늘 저녁 나의 여자친구와 약속이 있다. 우리는 영화관에 간다.

sich (nicht) verändern 변하(지 않)다

• Auch nach zehn Jahren hast du dich überhaupt nicht verändert!

10년이 지났는데도 너는 하나도 변하지 않았구나!

sich versöhnen 서로 화해하다

• Nach jedem Streit versöhnen wir uns wieder.

매번 싸우고 난 후 우리는 화해를 한다.

vorbei|kommen, kam vorbei, ist vorbei gekommen
(잠시) 들르다

• Wann hast du Zeit? Ich würde gern bei dir vorbeikommen.

언제 시간이 있니? 너에게 (너희 집에) 잠시 들르고 싶은데.

verraten (verrät), verriet, hat verraten 누설하다

• Ich verrate nur dir mein Geheimnis!

내 비밀은 너에게만 말해줄게!

* das Geheimnis, -se 비밀

sich (wieder) vertragen (verträgt), sich vertrug , hat sich vertragen 사이좋게 지내다 (화해하다)

• Simon und Ute, seid lieb zueinander und vertragt euch wieder!

시몬 그리고 우테, 서로 잘하고 사이좋게 지내렴(화해하렴)!

---

sich vor|stellen 자신을 소개하다

• Darf ich mich kurz vorstellen? Ich heiße Anna Sauer und bin 18 Jahre alt.

잠시 내 소개를 해도 될까? 나는 안나 자우어라고 하고 18살이야.

---

zählen auf +A ~을 믿다, 기대하다

• Kommt alle zu meinem Konzert! Ich zähl' auf euch!

너희 모두 나의 콘서트에 오렴! 너희들이 오리라 믿어!

## [die Bekanntschaft / 지인]

der/die Bekannte, -n 지인

- Ist das dein Freund?

  저 사람이 네 남자친구니?

- Nein, ich kenne ihn nur vom Sehen. Er ist einer meiner Bekannten.

  아니야. 그냥 알고 지내는 사람이야. 그는 나의 지인들 중 한 명이야.

  * kennen (vom Sehen), kannte, hat gekannt (그냥 아는) 사이이다

(nicht) befreundet sein mit +D ~와 친한 사이이다 (아니다)

- Wir sind nicht eng befreundet, wir treffen uns nur ab und zu.

  우리들은 친한 사이가 아니라 그냥 가끔 만나는 사이이다.

  * eng 긴밀하게

sich grüßen 인사하다

- Das sind meine Nachbern. Wir grüßen uns, wenn wir uns sehen.

  이 사람들은 내 이웃들이다. 우리들은 만나면 인사한다.

haben (nichts miteinander) 아무 사이도 아니다

- Ist das deine Freundin?

  저 사람 네 여자친구니?

- Wir sind gut befreundet, aber wir haben nichts miteinander.

  우리는 잘 알고 있지만, 아무 사이도 아니야.

---

kennen (flüchtig) (그냥) 한 번 본 사이이다

- Wer ist das denn?

  저 사람 누구니?

- Weiß ich nicht genau, ich kenne ihn nur flüchtig.

  나도 잘 몰라, 그냥 슬쩍 한 번 본 사이야.

---

sich unterhalten mit +D über +A (unterhält sich), sich unterhielt, hat sich unterhalten ~와 ~에 관해 담소하다

- Ich unterhalte mich gerne mit Peter über Musik.

  나는 페터랑 음악에 관해 얘기하는 것을 좋아해요.

**[feste Beziehung / 교제]**

sich an|lehnen an +A ~에 기대다

• Sie lehnt sich an ihren Freund an.

그녀는 남자친구에게 의지한다.

an|sprechen (spricht an), sprach an, hat angesprochen
말을 걸다 | zusammen sein 사귀다, 연인관계다

• Peter hat Lisa im Bus angesprochen. Jetzt sind sie schon zwei Jahre zusammen.

페터는 버스에서 리사에게 말을 걸었다. 그리고 이 둘이 사귄지 거의 2년정도 된다.

beneiden um +A 누구의 ~을 부러워하다

• Ich beneide dich um deinen netten Freund.

나는 너의 친절한 남자친구가 부럽다.

flirten mit +D 이성에게 호감을 갖고 대화를 나누다

• Bernd hat eine Freundin, aber er flirtet immer noch mit vielen Frauen.

베른트은 여자친구가 있는데도 여전히 여자들과 시시덕거린다.

hängen an +D ~에 집착하다, 애정을 느끼다

• Ich hänge sehr an meiner Freundin.

나는 나의 여자 친구에게 무한한 애정을 느낀다.

lächeln (sanft) (부드럽게) 미소 짓다

• Claudia lächelte sanft über seine Äußerung.

클라우디아는 그의 말에 부드럽게 미소 지었다.

lieben 사랑하다

• „Liebst du mich?", fragte sie ihn. Er nickte.

"날 사랑해?" 그녀가 그에게 물었다. 그는 고개를 끄덕였다.

* nicken 고개를 끄덕이다

(Rendezvous) haben (데이트)하다

die Freundin, -nen 여자친구

• Ich habe morgen ein Rendezvous mit meiner neuen Freundin. Ich habe extra ein Candlelight-Dinner organisiert.

내일 나는 새 여자친구와 데이트가 있다. 특별히 촛불 아래서의 디너를 준비했다.

* das Candlelight-Dinner, -s 촛불 아래서의 디너

um|armen 껴안다 | vermissen 그리워하다

• Komm, lass dich umarmen. Ich habe dich so vermisst!

이리와, 좀 안아보자, 얼마나 너를 그리워했는지!

sich verlieben in +A ~와 사랑에 빠지다

• Mina hat sich in John verliebt.

미나는 죤과 사랑에 빠졌다.

verliebt sein in +A ~에게 반하다

• Sie ist in ihn verliebt.

그에게 반했어.

verlobt sein 약혼한 사이다

• Seid ihr verlobt oder schon verheiratet?

약혼했니 아니면 결혼했니?

* verheiratet sein 기혼이다

verlobt sein mit +D ~와 약혼한 사이다

• Claudia ist mit Rolf verlobt.

클라우디아는 롤프와 약혼한 사이다.

(nicht) zurecht|kommen mit, kam zurecht, ist zurecht gekommen ~와 잘(못)지내다

• Ralf kommt mit der Trennung von Heidi nicht zurecht.

랄프는 하이디와 이별 한 후 잘 지내지 못한다.

zurück|denken, dachte zurück, hat zurückgedacht ~을 회상하다, 추억하다

• Wir sind schon lange nicht mehr zusammen, aber ich denke immer noch gerne an die Zeit mit Peter zurück.

우리가 헤어진 지는 꽤 오래되었다. 그런데 아직까지도 나는 페터와 사귀었던 시간을 즐겨 회상한다.

zusammen|leben 함께 살다, 동거하다

• Ich finde sie nett und möchte mit ihr zusammenleben.

나는 그녀를 친절하다고 생각해요. 그녀와 함께 살고 싶어요.

# 03

# Familienleben
가정사

## 3-1 Hochzeit
## 결혼식

- *Mai will Heinz heiraten und sie planen zusammen ihre Hochzeitsfeier.*
  *마이는 하인쯔와 결혼하려고 합니다. 그리고 그들은 결혼피로연을 함께 계획합니다.*

**[die standesamtliche Trauung/ Hochzeit / 시청(호적과)에서의 (법적)혼인신고식/ 결혼식]**

die standesamtliche Trauung, -en (호적과에서)혼인신고식
die Braut, ¨-e 신부 | der Bräutigam, -e 신랑
der Standesbeamte, -n (남성) 혼인신고담당공무원
die Standesbeamtin, -nen (여성) 혼인신고담당공무원

- Zur standesamtlichen Trauung gehören: die Braut, der Bräutigam, die Eheringe, das Hochzeitskleid, der Standesbeamte oder die Standesbeamtin, und der Trauzeuge oder die Trauzeugin jeweils der Braut und des Bräutigams.
  법적 혼인신고식(시청)을 위하여 다음과 같은 것이 필요하다: 신부, 신랑, 결혼반지, 웨딩드레스, 혼인신고 담당공무원, (남/여)혼인 증인들.

* der Ehering, -e 결혼반지
* das Hochzeitskleid, -er 웨딩드레스
* der Trauzeuge, -n (남성) 혼인증인
* die Trauzeugin, -nen (여성) 혼인증인

planen (Hochzeitsfeier) (결혼식 피로연)을 계획하다

• Wenn man heiraten will, plant man eine Hochzeitsfeier.
결혼하려고 하면 피로연을 계획한다.

* die Hochzeitsfeier, -n 결혼식 피로연

schließen (standesamtliche Ehe), schloss, hat geschlossen
(법적 혼인)을 이루어지다

• Die standesamtliche Ehe wird im Standesamt geschlossen. Das Standesamt ist im Rathaus.
혼인신고식은 호적과에서 하는데 호적과는 (독일의 경우) 시청에 있다.

* das Standesamt, ¨-er 호적과
독일에서는 혼인신고를 시청(Rathaus)에서 한다

führen (zu der rechtlich anerkannten Ehe) (법적 부부가) 되다

• Nur die standesamtliche Eheschließung führt zu der rechtlich anerkannten Ehe.
(호적과)에서의 혼인신고만으로 법적(인정받는) 부부가된다.

kommen (Familie, Freunde, Trauzeugen)
(가족, 친한 친구, 결혼서약증인)이 온다

• Zur standesamtlichen Trauung kommen meistens die Familie, Freunde und auch die beiden Trauzeugen.
(호적과)의 혼인신고식에 대부분 가족, 친구 그리고 두 명의 결혼증인이 온다.

verheiratet sein 기혼이다

• In manchen westlichen Ländern können auch Mann und Mann oder Frau und Frau verheiratet sein.

대부분의 서방국가에서는 남자와 남자 혹은 여자와 여자가 혼인관계를 맺을 수 있다.

* westlich 서방의

halten (feierliche Rede) (hält), hielt, hat gehalten
(축하연설을) 하다 | rechtlich 법적으로

• Der(Die) Standesbeamte(in) hält eine kurze feierliche Rede, in der er oder sie die Eheleute einzeln fragt, ob sie (rechtlich) Mann und Frau werden wollen.

(여)호적과 직원이 짧은 축사를 하며, 그때 신랑 신부에게 (상대방을) (법적인) 남편 혹은 부인으로 맞이할 것인지를 묻는다.

* die Eheleute (Pl) 신랑,신부 * die feierliche Rede, -n 축사

die Brautleute (Pl) 신랑신부

• Die Brautleute beantworten die Frage mit "ja„.

그때 신랑신부는 "예" 라고 대답한다.

* beantworten 대답하다

unterschreiben (Eheurkunde), unterschrieb, hat unterschrieben
(혼인서약서에) 사인하다

• Dann unterschreiben sie die Eheurkunde.

그리고 그들은 혼인서약서에 사인한다.

* die Eheurkunde, -n 혼인신고서

verheiratet sein (offiziell) (공식적으로) 혼인한 사이다

- So sind sie offiziell verheiratet.

  그러면 그들은 공식적으로 혼인관계가 된다.

> * offiziell 공식적으로

feiern (gemeinsam) (함께) 축하연을 하다

- Danach geht man ins Restaurant und feiert gemeinsam.

  혼인 신고식 후에 하객들과 신랑신부는 레스토랑으로 가서 함께 축하연을 한다.

**[die kirchliche Hochzeit / 교회에서의 결혼식]**

---

die (kirchliche) Hochzeit (교회에서) 결혼
trauen (Brautpaar) (신랑신부를) 주례하다
der Pfarrer, - 목사님

• Viele Paare heiraten nur standesamtlich. Oft gibt es aber zusätzlich eine kirchliche Hochzeit, bei der ein Pfarrer das Brautpaar in einer Kirche traut.

많은 신랑신부들은 호적과에서 혼인신고식만을 하지만, 종종 교회에서 다시 한 번 결혼식을 하기도 한다. 이때 목사님이 신랑신부를 주례한다.

* das Brautpaar, -e 신랑신부 * trauen 주례하다

---

segnen (Ehepaar) (신랑신부를) 축복하다

• Der Pfarrer segnet das frisch getraute Ehepaar.

목사님은 결혼하는 신혼부부를 축복한다.

* frisch 막 결혼한, 신선한

---

Mitglied sein (in der Kirche) (교회에서) 신자이다

• Diese Hochzeit ist nur möglich, wenn man Mitglied in einer Kirche ist.

이 결혼식은 교회 신자여야만 가능하다.

* das Mitglied, -er 회원 * möglich sein 가능하다
* die Kirche, -n 교회

ein|laden (lädt ein), lud ein, hat eingeladen 초대하다
der Gast, ¨-e 손님

• Zur kirchlichen Hochzeit lädt man meistens viele Gäste ein.

교회에서의 결혼식에는 대부분 많은 하객을 초대한다.

* meistens 대부분

statt|finden (Feier), fand statt, hat stattgefunden
(파티가) 열리다

• Nach der Trauung findet oft eine Feier statt.

결혼식 후에 파티가 거행된다.

* die Feier, -n 파티

tanzen (Eröffnungswalzer) (오프닝 왈츠를) 추다

• Auf der Hochzeitsfeier tanzen die Braut und der Bräutigam gemeinsam den Eröffnungswalzer.

결혼피로연에서 신부와 신랑은 오프닝왈츠를 춘다.

* auf der Hochzeitsfeier 결혼피로연파티에서

feiern (ausgelassen) (기분좋게) 파티하다

• Das Brautpaar und die Gäste feiern ausgelassen bis tief in die Nacht.

신랑신부와 하객들은 밤늦게까지 기분좋게 파티한다.

* ausgelassen 기분 좋은

## 3-2 Skandal! Skandal!
## 스캔들! 스캔들!

• *Christine will sich von Bernd scheiden lassen!*
*크리스티네가 베른트와 이혼하려고 한대!*

sich trennen von +D ~와 별거하다

• Hast du schon gehört? Christine will sich von Bernd trennen.
그 소식 들었니? 크리스티네가 베른트와 헤어지려고 한대.

heiraten 결혼하다

• Was? Sie haben doch erst vor einem Jahr geheiratet.
뭐라고? 그들은 일 년 전에 결혼했잖니.

kennen|lernen 사귀다 | der Jugendfreund, -e 소꿉친구

• Christine hat ihn mit 18 Jahren kennengelernt. Er war ihr Jugendfreund.
크리스티네는 베른트를 18살 때 만났지. 그는 그녀의 소꿉친구였어.

* mit 18 18살 때에

befreundet sein mit +D ~와 사귀다
haben (feste Beziehung) ~와 (연인)관계이다

• Sie war lange in einer festen Beziehung mit ihm oder?
그녀는 그와 오랫동안 연인관계였지, 아마?

ab|brechen (Beziehung) (bricht ab), brach ab, hat abgebrochen
(관계를) 끊다, 꺾다

- **Ja, aber sie hat die Beziehung zu ihm abgebrochen, weil er sie ständig angelogen hat.**

  그렇지. 그런데 그녀는 베른트와 관계를 끊었었어. 그가 그녀에게 계속 거짓말을 했기 때문이지.

  * ständig 항상, 계속해서 * an|lügen, log an, hat angelogen 거짓말하다

---

betrügen betrog, hat betrogen 속이다
sich verlieben 사랑에 빠지다

- **Und er hat sie wieder betrogen. Bernd hat sich vor kurzem in eine andere Frau verliebt.**

  그런데 베른트가 또 다시 크리스티네를 속였어. 최근에 베르트가 다른 여성이랑 사랑에 빠졌어.

  * der Ehebruch, ¨-e 불륜

---

sich streiten mit +D ~와 싸우다

- **Wegen seiner Affäre hat Christine sich heftig mit ihm gestritten.**

  그의 불륜으로 크리스티네는 그와 심하게 다투었어.

  * die Affäre, -n 불륜, 바람 * heftig 심하게

---

sich scheiden lassen von +D ~와 이혼하다

- **Sie will sich endgültig von ihm scheiden lassen. Sie hat die Nase voll von seinen Betrügereien.**

  크리스티네는 그와 깨끗하게 이혼하려고 해. 그가 속이는 것에 질렸어.

  * endgültig 최종적으로 * die Nase voll haben von +D ~에 질리다

# 04

# Haushalt und Tagesablauf
## 가사노동과 하루 일과

## 4-1 Haushalt
## 가사노동

- *Sabine ist Hausfrau und liebt Ordnung. Sie hat deshalb zu Hause beide Hände voll zu tun.*
  *자비네는 정리를 매우 좋아하는 주부입니다. 그래서 항상 할 일이 많아요.*

---

ab|holen (vom Kindergarten) (유치원에서) 데려오다

- Sabine holt die Kinder vom Kindergarten ab.

  자비네는 아이들을 유치원에서 데려온다.

  * der Kindergarten, ¨- 유치원

---

ab|holen (Anzug) (양복을) 찾아오다

- Sie holt den Anzug ihres Mannes von der Wäscherei ab.

  그녀는 남편의 양복을 세탁소에서 찾아온다.

  * der Anzug, ¨-e 양복
  * die Wäscherei, -en 세탁소

---

ab|nehmen (Wäsche) (nimmt ab), nahm ab, hat abgenommen
(빨래를) 걷다

- Sie nimmt die Wäsche von der Leine ab.

  그녀는 빨래줄에서 빨래를 걷는다.

  * die Wäsche (Sg) 빨래

ab|trocknen 닦다 | stellen 넣어 두다

• **Martin, trockne bitte ab! Wir stellen kein nasses Geschirr in den Schrank!**

마틴, 그릇의 물기를 잘 닦아줘요. 물기있는 채로 찬장에 넣지 말아요!

* nass 젖은
* der Schrank, ¨-e 찬장
* das Geschirr, -e 그릇

---

ab|waschen (wäscht ab), wusch ab, hat abgewaschen
설거지하다

• **Heute wasche ich ab, morgen du, einverstanden?**

오늘은 내가 설거지하고, 내일은 네가 하고, 동의하지?

* einverstanden sein 동의하다

---

ab|wischen 닦다

• **Maria, würdest du bitte den Esstisch abwischen?**

마리아, 식탁 좀 닦아주겠니?

* der Esstisch, -e 식탁

---

an|rufen (Babysitter) , rief an, hat angerufen
(베이비시터에게) 전화하다

• **Sabine, rufst du bitte den Babysitter für heute Abend an?**

자비네, 베이비시터에게 오늘밤 (와달라고) 전화해줄래?

* der Babysitter, - 베이비시터

auf|hängen 널다

• Die Sonne scheint, du kannst die Wäsche draußen aufhängen!
해가 떴다, 빨래를 밖에 널어도 되겠어!

* draußen 밖에

auf|räumen 청소하다 | das Zimmer, - 방

• Kinder, hier sieht es ja aus, als hätte eine Bombe eingeschlagen! Räumt euer Zimmer auf!
애들아! 여기가 폭격 맞은 것 같이 보인다. 너희 방을 좀 정리하렴!

* ein|schlagen (Bombe) (schlägt ein), schlug an, hat eingeschlagen 폭격하다

auf|wischen 닦아내다 | die Blumenvase, -n 꽃병

• Oh, die Blumenvase ist umgefallen. Ich muss das Wasser aufwischen.
어쩌지! 꽃병이 넘어졌네. 물기를 닦아내야겠어.

* um|fallen (fällt um), fiel um, ist umgefallen 넘어지다

aus|klopfen (Teppich) (카페트를) 털다

• Teppiche werden schnell staubig, früher hat man sie deshalb ausgeklopft. Aber heutzutage reinigt man mit dem Staubsauger.
카페트는 빨리 먼지투성이가 된다. 옛날에는 카페트 먼지를 털어냈으나 지금은 청소기로 빨아들인다.

* der Teppich, -e 카페트

* staubig 먼지투성이의

aus|leeren (Mülleimer)　(쓰레기통을) 비우다

• Martin leert jeden Tag den Mülleimer aus.

마틴은 매일 쓰레기통을 비운다.

* der Mülleimer, -　쓰레기통

bügeln　다림질하다

• Nach dem Waschen sollte man Hemden bügeln!

세탁 후에는 셔츠를 다림질해야 한다.

* das Hemd, -en　셔츠

decken (Tisch)　(상을) 차리다

• Wir essen gleich. Martin, könntest du bitte den Tisch decken?

우리 곧 식사할거야. 마틴, 밥상 좀 차려줄 수 있어요?

* der Tisch, -e　식탁, 밥상

ein|kaufen　장보다

• Sabine und Martin kaufen Freitag Abend für das Wochenende ein.

자비네와 마틴은 금요일 저녁에 주말을 위해 장을 본다.

* für das Wochenende　주말을 위해

ein|stellen (Schonwaschgang) (약으로) 맞추다

• Die Bluse ist aus Seide, stell' bitte den Schonwaschgang ein!

이 블라우스는 실크야. (세탁기를) 약으로 맞춰줘.

* der Schonwaschgang, ¨-e 약
* die Bluse, -n 블라우스

kochen 요리하다

• Sie kocht jeden Tag für ihre Familie.

그녀는 매일 가족을 위해 요리한다.

kochen (Spaghetti) (스파게티를) 요리하다

• Martin, wollen wir heue Abend Spaghetti mit Tomatensoße kochen?

마틴, 오늘 저녁에는 토마토소스를 넣은 스파케티 요리를 할까요?

lüften 환기시키다

• Die Luft ist hier so stickig. Wir sollten das Zimmer lüften.

여기 공기가 매우 탁해요. 방을 환기를 시켜야겠어요.

* stickig 탁한
* die Luft, ¨-e 공기

machen (Betten/Bett) (침구) 정리하다

• Die Kinder machen jeden Tag selbst ihre Betten.

아이들은 매일 침구정리를 스스로 한다.

mähen (Rasen) (잔디) 깎다

• Ich freue mich: Martin hat endlich den Rasen gemäht!

나는 기뻐요. 마틴이 드디어 잔디를 깎았어요.

* der Rasen, - 잔디

---

nähen (Hose) (바지를) 꿰매다

• Sie näht die Hose, denn sie ist kaputt.

그녀는 바지를 꿰맨다. 바지가 못쓰게 됐기 때문이다.

* kaputt 망가진, 못쓰게된

* die Hose, n 바지

---

putzen (Fenster) (창문을) 닦다

• Ich putze die Fenster zweimal pro Jahr.

나는 유리창을 일 년에 두 번 닦는다.

* das Fenster, - 유리창

---

putzen (Bad) (목욕탕을) 닦다

• Sie putzt jede Woche das Bad.

그녀는 매주 목욕탕을 닦는다.

* das Bad, ¨-er 목욕탕

---

reinigen 드라이클리닝하다

• Einen Anzug sollte man nicht in der Waschmaschine waschen. Er sollte in der Textilreinigung gereinigt werden

양복은 세탁기로 빠는 것이 아니라 세탁소에서 드라이클리닝해야 된다.

reparieren lassen (lässt reparieren), ließ reparieren, hat reparieren lassen 수리시키다

• Der Staubsauger ist kaputt. Schon das dritte Mal muss ich ihn reparieren lassen.

청소기가 고장났다. 수리를 맡긴 것이 벌써 세 번째이다.

* der Staubsauger, - 청소기

machen (sauber) (깨끗이) 하다

• Tim! Dein Zimmer ist ein Saustall! Du musst hier sauber machen!

팀! 네 방은 돼지우리 같구나! 방 좀 깨끗이 치워라!

* der Saustall, ¨-e 돼지우리

schleudern (Wäsche) (빨래를) 탈수하다

• Zuerst wird die Wäsche in der Waschmaschine gewaschen, dann wird sie geschleudert.

빨래는 먼저 세탁기에서 세탁된 후 탈수된다.

* die Waschmaschine, -n 세탁기

spülen 설거지하다 | die Spülmaschine, -n 식기 세척기

• Ich habe eine neue Spülmaschine. Jetzt muss ich nicht mehr selber abwaschen.

나는 새 식기 세척기가 생겼다. 이제 내가 설거지할 필요가 없다.

* muss nicht +Inf ~할 필요가 없다

**Staub saugen/staubsaugen** 진공청소기로 청소하다

• Bei meiner Freundin ist die Wohnung immer so sauber! Sie saugt jeden Tag Staub (staubsaugt).

그녀의 집은 항상 깨끗해! 그녀는 매일 청소기로 청소해.

---

**staub|wischen** 먼지를 닦아내다

• Anstatt andauernd nur die Fenster zu putzen, solltest du ruhig mal staubwischen.

계속해서 창문만 닦을 것이 아니라 먼지를 닦아 내는 것도 좋을 것 같아.

> * anstatt ~ zu +Inf ~하는 것 대신에

---

**toasten** (토스터기로) 빵을 굽다

• Mit meinem neuen Toaster kann ich das Brot viel schneller toasten.

나의 새 토스터기로 빵을 훨씬 더 빨리 구울 수 있다.

> * das Brot, -e 빵

---

**trocknen** 말리다

• So, die Wäsche habe ich gewaschen. Jetzt muss ich sie nur noch trocknen lassen.

자, 세탁을 했으니 이제 건조시키기만 하면 돼.

---

**waschen (Wäsche)** 세탁하다

• Mit meiner neuen Waschmaschine kann ich sehr einfach meine Wäsche waschen.

나는 내 세탁기로 아주 간단히 빨래할 수 있다.

wechseln (Glühbirne) (전구를) 바꾸다

• Martin, steig bitte auf die Leiter und wechsle die Glühbirne!

마틴, 사다리 위로 올라가서 전구를 바꾸세요!

* die Leiter, -n 사다리 * die Glühbirne, -n 전구

weg|räumen (Geschirr) (식기를) 정리하다, 치우다

• Sie räumt das Geschirr weg.

그녀는 식기들을 치운다.

wischen (Tisch) (책상을) 닦다

• Tim, würdest du bitte den Tisch wischen?

팀, 책상 좀 닦아주겠니?

wischen (Staub) (먼지를) 닦다

• Jede Woche wischt sie gründlich Staub in der Wohnung.

그녀는 매주 집의 먼지를 말끔히 닦아낸다.

zusammen|kehren (빗자루로) 쓸다

• Martin kehrt den Schmutz vom Fußboden zusammen.

마틴은 바닥의 더러운 것들을 쓸어낸다.

* vom Fußboden 바닥으로부터 * der Schmutz (Sg) 먼지

zusammen|legen (Wäsche) (빨랫감을) 개다

• Sie legt die Wäsche zusammen.

그녀는 빨래를 갠다.

## 4-2 Tagesablauf
## 하루일과

**[Tagesablauf - 1 / 하루일과 - 1]**

- *Miriam ist Studentin und studiert Deutsch als Fremdsprache. Was macht sie von morgens bis abends?*
  *미리암은 대학생이며 독일어교육학을 공부한다. 이른 아침부터 저녁까지 무엇을 할까?*

---

klingeln (Wecker)　(자명종이) 울리다

- Um 5:30 Uhr klingelt der Wecker, denn Miriam muss heute um sieben Uhr zur Uni.
  5시 30분에 자명종이 울린다. 미리암이 7시에 학교에 가야하기 때문이다.

> * das Seminar, -e　세미나

---

auf|stehen, stand auf, ist aufgestanden　기상하다

- Sie wacht zwar um 5:30 Uhr auf, steht aber erst um 6 Uhr auf.
  그녀는 5시 30분에 눈을 떴으나 6시가 되어서야 일어난다.

> * auf|wachen　깨다

duschen 샤워하다 | sich waschen (Haare)(wäscht), wusch, hat gewaschen (머리를) 감다, 씻다

- Danach geht sie ins Bad und duscht und wäscht sich die Haare.

  그리고 목욕탕으로 가서 샤워하고 머리를 감는다.

  * gehen (ins Bad) (욕조로) 가다

---

putzen (Zähne) (이를) 닦다

- Dann putzt sie sich die Zähne.

  그리고 그녀는 이를 닦는다.

  * der Zahn, ¨-e 치아

---

frühstücken 아침식사하다

das Marmeladenbrot, -e 잼 빵 | das Käsebrot, -e 치즈 빵

- Sie frühstückt. Sie isst ein Marmelade- und ein Käsebrot und trinkt eine Tasse Kaffee.

  그녀는 잼 빵과 치즈 빵으로 아침식사를 하고 커피 한 잔을 마신다.

  * zum Frühstück 아침식사

  * essen (isst), aß, hat gegessen 먹다

---

an|ziehen, zog an, hat angezogen 입다

- Sie zieht heute Jeans und ein weißes T-Shirt an.

  그녀는 오늘 청바지와 하얀 티셔츠를 입는다.

  * die Jeans, - 청바지

  * das T-Shirt, -s 티셔츠

fahren (mit dem Fahrrad) (fährt), fuhr, ist gefahren
자전거를 타고 가다

• **Sie fährt mit dem Fahrrad zur Universität. Es dauert ca. 20 Minuten.**

대학교까지 자전거를 타고 대략 20분 걸린다.

* dauern (시간이) 걸리다

* das Fahrrad, ¨-er 자전거

---

besuchen (Seminare) (세미나를) 듣다

• **Von 7 Uhr bis 13 Uhr besucht sie Seminare.**

7시부터 오후 1시까지 세미나를 듣는다.

* das Seminar, -e 세미나

---

essen (zu Mittag) (isst), aß, hat gegessen (점심식사) 하다

• **Danach isst sie in der Mensa zu Mittag.**

그 후에 그녀는 학생식당에서 점심식사를 한다.

* die Mensa, Mensen 학교식당

---

sich treffen mit +D (trifft), traf, hat getroffen ~와 만나다
gehen (in die Bibliothek), ging, ist gegangen (도서실) 가다

• **Später trifft sie sich mit ihren Freunden und geht mit ihnen in die Bibliothek.**

늦게 친구들을 만나서 그들과 함께 도서실로 간다.

* die Bibliothek, -en 도서실

ein|kaufen gehen, ging einkaufen, ist einkaufen gegangen
장을 보다

- Auf dem Weg nach Hause geht sie im Supermarkt einkaufen.

  집으로 오는 길에 슈퍼마켓에서 장을 본다.

  * auf dem Weg ~ 길에
  * der Supermarkt, ¨-e 슈퍼마켓

fern|sehen (sieht fern), sah fern, hat ferngesehen TV 보다

- Um 20 Uhr sieht sie kurz fern. Da kommen die Nachrichten.

  그녀는 8시경에 잠시 TV를 본다. 뉴스가 방영된다.

schreiben (Seminararbeit), schrieb, hat geschrieben
(세미나 과제를) 하다

- Heute Abend muss sie eine Seminararbeit schreiben.

  오늘 저녁에는 세미나 과제를 해야 한다.

  * die Seminararbeit, -en 세미나 과제

gehen (ins Bett) (잠자러) 가다

- Erst um Mitternacht geht sie ins Bett.

  12시가 다 되어서야 그녀는 잠자러간다.

stellen (Wecker) (자명종을) ~로 맞추다

- Sie stellt für morgen den Wecker auf 7 Uhr: da muss sie erst um 10 Uhr zur Uni.

  내일은 10시에 학교에 가야 하기 때문에 자명종을 7시에 맞추었다.

**[Tagesablauf - 2 / 하루일과 - 2]**

- *Jan ist Programmierer bei der Firma Technergerma. Er ist geschieden und lebt allein mit seinem Sohn Bruno. Was macht Jan von morgens bis abends ?*
  *얀은 테크노 게르마 회사의 프로그래머이고 이혼한 후 아들 브루노와 함께 살고 있어요. 얀은 아침부터 저녁까지 무슨 일을 할까요?*

---

auf|wachen 깨다 | das Weckerklingeln, - 자명종 울리기, 알람

- Jan wacht jeden Tag schon fünf Minuten vor dem Weckerklingeln auf.
  얀은 매번 자명종소리가 (알람이) 울리기 5분 전에 깬다.

---

sich rasieren 면도하다

- Zuerst geht er ins Bad und duscht und rasiert sich.
  먼저 욕실로 가서 샤워하고 면도를 한다.

---

holen (Zeitung) (신문을) 가져오다

- Auf dem Weg zur Küche holt er die Zeitung.
  부엌으로 가는 길에 신문을 가져온다.

* die Zeitung, -en 신문

---

sitzen (in der Küche), saß, hat gesessen (부엌에) 앉다

- Gegen halb sieben sitzt er in der Küche und frühstückt in Ruhe.
  대략 6시 반경에 부엌에 앉아 조용히 아침식사를 한다.

* gegen +시각 대략 ~시에

gehen (ins Kinderzimmer), ging, ist gegangen (아이 방으로) 가다 | wecken 깨우다

• Gegen sieben geht er dann ins Kinderzimmer und weckt Bruno.

7시경에 아이 방으로 가서 브루노를 깨운다.

* das Kinderzimmer, - 아이 방

bringen (in den Kindergarten), brachte, hat gebracht (유치원에) 데려다주다

• Auf dem Weg ins Büro bringt er Bruno in den Kindergarten.

회사로 가는 길에 브루노를 유치원에 데려다준다.

tanken (차에) 기름을 넣다

• Normalerweise tankt Jan immer auf dem Weg zur Arbeit.

얀은 일반적으로 회사 가는 길에 항상 주유한다.

* auf dem Weg zur Arbeit 직장가는 길에

arbeiten 일하다

• Von 8:30 bis 17 Uhr arbeitet er in einer Computerfirma.

그는 8시 30분부터 오후 5시까지 컴퓨터 회사에서 일한다.

die Kantine, -n 직원식당 | erledigen (Einkäufe) (장보기를) 하다 | der Einkauf, ¨-e 장보기

• In der Mittagspause isst er in der Kantine zu Mittag und erledigt wichtige Einkäufe.

점심 식사시간에 직원식당에서 점심식사를 하고 필요한 장보기를 한다.

* essen (zu Mittag) (점심식사)를 하다 * in der Mittagspause 점심시간에

---

besorgen (Badehose) (수영복바지를) 구입하다

• Heute besorgt er noch schnell eine neue Badehose für seinen Sohn.

오늘은 급하게 (시간을 내) 아들의 수영복 바지를 산다.

* die Badehose, -n 수영복 바지

---

besuchen (Mutter) (어머니를) 방문하다

• Alle zwei Tage besucht er nach der Arbeit seine 80-jährige Mutter.

그는 이틀에 한 번 일이 끝나면 80세 된 어머니를 잠시 방문한다.

* alle zwei Tage 매 이틀마다

---

betreuen 돌보다

• Trotz ihres hohen Alters lebt sie immer noch allein in ihrer Wohnung, wo sie von einer Altenpflegerin betreut wird.

고령임에도 불구하고 그의 어머니는 혼자 아파트에서 사시는데, 간병인이 그의 어머니를 돌보고 있다.

* die Altenpflegerin, -nen 노인간병인

vor|bereiten (Abendessen)　(저녁식사를) 준비하다

• Gegen 19 Uhr bereitet er für sich und seinen Sohn das Abendessen vor.

저녁 7시경에 그는 자신과 아들을 위한 저녁 식사 준비를 한다.

---

vor|lesen (Geschichte) (liest vor), las vor, hat vorgelesen
(이야기를) 읽어주다

• Um 20 Uhr bringt er seinen Sohn ins Bett und liest ihm eine Gute-Nacht Geschichte vor.

저녁 8시에 아들을 잠자리에 눕히고 굿 나잇 동화를 읽어준다.

* bringen (ins Bett), brachte, hat gebracht　(침대로) 데려가다
* die Geschichte, -n　이야기

---

sehen (Nachrichten)　(뉴스를) 보다

• Danach setzt er sich allein aufs Sofa und sieht die Nachrichten.

그 후에 그는 소파에 혼자 앉아 뉴스를 본다.

* die Nachricht, -en　뉴스

---

sich legen (schlafen)　(자려고) 눕다

• Um 22 Uhr legt er sich schlafen, weil er am nächsten Morgen wieder früh aufstehen muss.

그는 내일 아침 다시 일찍 일어나야 하기 때문에 밤 10시에 잠자리에 든다.

# 05

## Zeitangaben
## 시간정보

## 5-1 Grundzahlen und Ordnungszahlen 기수와 서수

| | Grundzahlen | 기수 | Ordnungszahlen | 서수 |
|---|---|---|---|---|
| 1 | eins | 하나 | erst- | 첫 번째 |
| 2 | zwei | 둘 | zweit- | 두 번째 |
| 3 | drei | 셋 | dritt- | 세 번째 |
| 4 | vier | 넷 | viert- | 네 번째 |
| 5 | fünf | 다섯 | fünft- | 다섯 번째 |
| 6 | sechs | 여섯 | sechst- | 여섯 번째 |
| 7 | sieben | 일곱 | siebt- | 일곱 번째 |
| 8 | acht | 여덟 | acht- | 여덟 번째 |
| 9 | neun | 아홉 | neunt- | 아홉 번째 |
| 10 | zehn | 열 | zehnt- | 열 번째 |
| 11 | elf | 열하나 | elft- | 열한 번째 |
| 12 | zwölf | 열둘 | zwölft- | 열두 번째 |
| 13 | dreizehn | 열셋 | dreizehnt- | 열세 번째 |
| 14 | vierzehn | 열넷 | vierzehnt- | 열네 번째 |
| 15 | fünfzehn | 열다섯 | fünfzehnt- | 열다섯 번째 |
| 16 | sechzehn | 열여섯 | sechzehnt- | 열여섯 번째 |
| 17 | siebzehn | 열일곱 | siebzehnt- | 열일곱 번째 |
| 18 | achtzehn | 열여덟 | achtzehnt- | 열여덟 번째 |
| 19 | neunzehn | 열아홉 | neunzehnt- | 열아홉 번째 |
| 20 | zwanzig | 스물 | zwanzigst- | 스무 번째 |
| 21 | einundzwanzig | 스물하나 | einundzwanzigst- | 스물한 번째 |

| | | | | |
|---|---|---|---|---|
| 22 | zweiundzwanzig | 스물둘 | zweiundzwanzigst- | 스물두 번째 |
| 23 | dreiundzwanzig | 스물셋 | dreiundzwanzigst- | 스물세 번째 |
| 24 | vierundzwanzig | 스물넷 | vierundzwanzigst- | 스물네 번째 |
| 25 | fünfundzwanzig | 스물다섯 | fünfundzwanzigst- | 스물다섯 번째 |
| 26 | sechsundzwanzig | 스물여섯 | sechsundzwanzigst- | 스물여섯 번째 |
| 27 | siebenundzwanzig | 스물일곱 | siebenundzwanzigst- | 스물일곱 번째 |
| 28 | achtundzwanzig | 스물여덟 | achtundzwanzigst- | 스물여덟 번째 |
| 29 | neunundzwanzig | 스물아홉 | neunundzwanzigst- | 스물아홉 번째 |
| 30 | dreißig | 서른 | dreißigst- | 서른 번째 |
| 40 | vierzig | 마흔 | vierzigst- | 사십 번째 |
| 50 | fünfzig | 쉰 | fünfzigst- | 오십 번째 |
| 60 | sechzig | 예순 | sechzigst- | 육십 번째 |
| 70 | siebzig | 일흔 | siebzigst- | 칠십 번째 |
| 80 | achtzig | 여든 | achtzigst- | 팔십 번째 |
| 90 | neunzig | 아흔 | neunzigst- | 구십 번째 |
| 100 | (ein)hundert | 백 | hundertst- | 백 번째 |
| 101 | (ein) hunderteins | 백일 | hunderterst- | 백한 번째 |

# 5-2 Jahr–Woche-Tag
## 한 해-한주-요일

das Jahr, -e 한 해 | der Monat, -e 달

- Ein Jahr hat zwölf Monate: Januar, Februar, März, April, Mai, Juni, Juli, August, September, Oktober, November, Dezember.

  한 해는 열 두 달이다: 1월, 2월, 3월, 4월, 5월, 6월, 7월, 8월, 9월, 10월, 11월, 12월.

* der Januar (Sg) 1월
* der Februar (Sg) 2월
* der März (Sg) 3월
* der April (Sg) 4월
* der Mai (Sg) 5월
* der Juni (Sg) 6월
* der Juli (Sg) 7월
* der August (Sg) 8월
* der September (Sg) 9월
* der Oktober (Sg) 10월
* der November (Sg) 11월
* der Dezember (Sg) 12월
* (열두) 달은 단수형으로 쓰인다. 사전에 실린 복수형, 예를 들어 Januare는 사용하지않는다

die Jahreszeit, -en 계절

- Ein Jahr hat vier Jahreszeiten: Frühling, Sommer, Herbst und Winter.

  한 해는 봄, 여름, 가을, 겨울 사계절로 되어있다.

* der Frühling (Sg) 봄
* der Sommer (Sg) 여름
* der Herbst (Sg) 가을
* der Winter (Sg) 겨울

die Woche, -n 한주

• **Eine Woche hat sieben Tage, Montag, Dienstag, Mittwoch, Donnerstag, Freitag, Samstag und Sonntag.**

한 주는 칠 일이며 월요일, 화요일, 수요일, 목요일, 금요일, 토요일, 일요일이다.

* der Montag (Sg) 월요일 * der Sonntag (Sg) 일요일

der Tag, -e 날 | die Stunde, -n 시간

• **Ein Tag hat 24 Stunden.**

하루는 24시간이다.

die Minute, -n 분 | die Sekunde, -n 초

• **Eine Stunde hat 60 Minuten und eine Minute hat 60 Sekunden.**

한 시간은 60분이고 일 분은 60초이다.

## 5-3 Wochentage
## 한주

• *Wie heißen die Wochentage?*
*요일들은 어떻게 부르나요?*

---

der Montag (Sg) 월요일

• Die Woche beginnt normalerweise am Montag.
한 주는 보통 월요일부터 시작한다.

* die Woche, -n 한 주

---

der Dienstag (Sg) 화요일

• Heute ist Montag, morgen ist Dienstag.
오늘은 월요일이고 내일은 화요일이다.

---

der Mittwoch (Sg) 수요일

• Gestern war Dienstag, heute ist Mittwoch.
어제는 화요일이었고, 오늘은 수요일이다.

* gestern 어제
* heute 오늘

der Donnerstag (Sg) 목요일 | der Freitag (Sg) 금요일

- **Heute ist Donnerstag und morgen ist Freitag.**
  오늘은 목요일이고 내일은 금요일이다.

* heute 오늘

* morgen 내일

der Samstag (Sg) 토요일 | der Sonntag (Sg) 일요일

- **Samstag und Sonntag nennt man Wochenende.**
  토요일과 일요일은 주말이라고 한다.

* das Wochenende, -n 주말

## 5-4 Jahreszeiten
## 계절

der Frühling (Sg) 봄 | werden (warm) (따뜻해)진다

- Frühling ist vom 21. März bis 20. Juni. Im Frühling wird es wieder warm und der Schnee schmilzt.

  봄은 3월 21일부터 6월 20일까지이다. 봄에는 날씨가 다시 따뜻해지고 눈이 녹는다.

> * schmelzen (Schnee) (schmilzt), schmolz, ist geschmolzen
> (눈이) 녹다

der Sommer (Sg) 여름

- Sommer ist vom 21. Juni bis 20. September.

  여름은 6월 21일부터 9월 20일까지이다.

blühen (Blumen) (꽃이) 피다

• Die Blumen blühen im Sommer in allen möglichen Farben.

여름에는 꽃들이 형형색색으로 핀다.

* die Blume, -n 꽃 * die Farbe, -n 색

der Herbst (Sg) 가을

fallen (Blätter) (fällt), fiel, ist gefallen (낙엽이) 떨어지다

• Herbst ist vom 21. September bis 20. Dezember.
Die Blätter fallen von den Bäumen.

가을은 9월 21부터 12월 20일까지이다. 낙엽들은 나무에서 떨어진다.

* das Blatt, ¨-er 잎

der Winter (Sg) 겨울 | bedeckt sein mit +D ~로 덮여있다

• Winter ist vom 21. Dezember bis 20. März. Alles ist weiß, mit Schnee bedeckt.

겨울은 12월 21부터 3월 20월까지다. 모든 것이 눈으로 하얗게 덮여 있다.

* der Schnee (Sg) 눈

## 5-5 Datum
## 날짜

• *Welches Datum haben wir heute?*
*오늘은 (몇 월) 며칠인가요?*

das Datum, Daten 날짜 | heute 오늘

• Welches Datum haben wir heute?
오늘 며칠인가요?

• Wir haben heute den 02.01. 2017. (den zweiten Ersten (Januar) Zweitausendsiebzehn.
오늘은 2017년 1월 2일입니다.

• Der wievielte ist heute?
오늘은 며칠인가요?

• Heute ist der 02.01 2017 (der zweite Erste (Januar) Zweitausendsiebzehn.
오늘은 2017년 1월 2일 입니다.

* welch- 어떠한 * der wievielte... ~몇 번째

der Tag, -e 요일 | der Mittwoch (Sg) 수요일

• Welchen Tag haben wir heute?
오늘은 무슨 요일인가요?

• Heute ist Mittwoch. Heute haben wir Mittwoch, den 07.07 (siebten Siebten)
오늘은 수요일입니다. 7월 7일 수요일이지요.

## 5-6 Uhrzeit
## 시각

- *Wie spät ist es jetzt / Wie viel Uhr ist es jetzt?*
  *지금 몇 시인가요?*

| 일상적 시각표현 (12시간) | | | |
|---|---|---|---|
| 7.00 | sieben (Uhr) (morgens) | 13.00 | ein Uhr / eins |
| 8.05 | fünf nach acht | 16.00 | vier (Uhr) (nachmittags) |
| 8.15 | Viertel nach acht | 16.15 | Viertel nach vier |
| 8.20 | zwanzig nach acht/ zehn vor halb neun | 16.30 | halb fünf |
| 8.30 | halb neun | 16.45 | Viertel vor fünf |
| 8.40 | zwanzig vor neun/ zehn nach halb neun | 21.30 | halb zehn (abends) |
| 8.45 | Viertel vor neun | 24.00 | zwölf (Uhr)(Mitternacht) |
| 8.55 | fünf vor neun | 0.05 | fünf nach zwölf (kurz nach Mitternacht) |
| 10.00 | zehn (Uhr) (vormittags) | 3.00 | drei Uhr (nachts) |
| 12.00 | zwölf (Uhr) (mittags) | | |

die Uhrzeit, -en 시각 | wie spät~ 몇 시~

- Wie spät ist es? Wie viel Uhr ist es?
  몇 시인가요?

- Es ist 7:30 (halb acht).
  7시 30분입니다.

bis wann? 언제까지?

- Bis wann musst du arbeiten?
  언제까지 일을 해야만 하니?

- Bis fünf vor sechs.
  5시 55분까지.

ab wann? 언제부터?

- Ab wann kann man sich für den Deutschkurs anmelden?
  언제부터 독일어 강좌를 등록할 수 있니?

- Morgen ab 9 Uhr kann man sich online anmelden.
  내일 오전 9시부터 온라인으로 등록할 수 있어.

> * online 온라인
> * der Deutschkurs, -e 독일어 강좌
> * sich an|melden 등록하다

beginnen (Seminar), begann, hat begonnen
(세미나가) 시작하다

• **Wann beginnt dein Seminar?**

언제 세미나 시작하니?

• **Um Viertel nach neun.**

9시 15분에 시작해.

---

dauern 걸리다 | wie lange? 얼마나, 오래?

die Stunde, -n 시간

• **Wie lange dauert das Seminar?**

세미나가 얼마나 걸리지?

• **Es dauert 2 1/2 Stunden (zweieinhalb Stunden).**

두 시간 반 걸려.

---

wie oft? 얼마나 자주? | alle 10 Minuten 매 십 분마다

• **Wie oft fährt der Bus nach Jamsil? Alle zehn Minuten.**

잠실로 가는 이 버스는 얼마나 자주 오니? 매 10분마다.

* der Bus, -se 버스

* fahren (fährt), fuhr, ist gefahren 타다

## 5-7 Geburtstag
## 생일

• *Wann ist dein Geburtstag? 네 생일은 언제니?*

feiern (Geburtstag) (생일) 축하파티하다
der Geburtstag, -e 생일

• Wann feierst du deinen Geburtstag?
언제 생일축하 파티하니?

• Am Sonntag, den 17. August (den siebzehnten Achten)
일요일, 8월17일.

geboren sein 태어나다 | wann und wo 언제 그리고 어디서

• Wann und wo bist du geboren?
언제 어디서 태어났니?

• Ich bin am 02. 03.1998 in Seoul geboren (am zweiten Dritten Neunzehnhundertachtundneunzig).
나는 1998년 3월 2일에 서울에서 태어났어.

gratulieren 축하하다

- Darf man in Deutschland vor dem Geburtstag gratulieren?
  독일에서는 생일 전에 축하 인사해도 되나요?

- Nein, das darf man nicht. Das bringt Unglück.
  아니요. 그러면 안 돼요. 불행해진다고 해요.

* das Unglück (Sg) 불행

haben (Geburtstag) 생일이다

- Wann haben Sie Geburtstag?
  언제 생일인가요?

- Ich habe im Mai Geburtstag.
  저는 5월에 생일입니다.

* im Mai 5월에

an welchem Tag 어느 날에

- An welchem Tag haben Sie dieses Jahr Geburtstag?
  올해는 무슨 요일에 생일인가요?

- Ich habe an einem Freitag Geburtstag.
  (생일이) 금요일 입니다.

**das Geburtstagskind, -er** 생일을 맞은 사람

- Wer ist das Geburtstagskind?

  누가 생일이니?

- Peter ist das Geburtstagskind: er feiert heute seinen 20. Geburtstag.

  페터가 생일이야. 오늘 20살 생일축하파티를 한다.

---

**das Geburtstagsgeschenk, -e** 생일선물
**die Geburtstagtorte, -n** 생일케익

- Zum Geburtstag bekommt man Geburtstagsgeschenke und eine Geburtstagstorte.

  사람들은 생일날 생일선물과 생일 케익을 받는다.

> * zum Geburtstag 생일에
> * bekommen, bekam, hat bekommen 받다

---

**der Glückwunsch (zum Geburtstag), ¨-e** (생일)축하

- Was sagt man in Deutschland zum Geburtstag?

  독일에서는 생일에 뭐라고 말하나요?

- Hier sagt man „Herzlichen Glückwunsch zum Geburtstag" oder „Alles Gute zum Geburtstag!"

  독일에서는 생일에 "생일 축하해!" "생일 축하해!(행운이 있길)" 라고 해.

> * „Herzlichen Glückwunsch zum Geburtstag!"
>   "생일을 진심으로 축하해!"

# 06

# Essen und Trinken
# 음식과 음료

## 6-1 Lebensmittel
## 식료품

### [ die Backware / 빵 종류 ]

| | |
|---|---|
| die Brezel, -n | 프레첼 |
| das Brot, -e | 빵 |
| das Brötchen, - | 하드롤 |
| der/das Keks, -e | 쿠키 |
| das Roggenbrot, -e | 호밀 빵 |
| der Kuchen, - | 케익 |
| das Schwarzbrot, -e | 검은 빵 |
| das Plätzchen, - | 쿠키 특히 성탄절에 먹는 쿠키의 명칭 |
| das Toastbrot,-e | 토스트 빵 |
| der Stollen, - | 겨울에 먹는 단 빵 |
| die Torte, -n | 크림이 있는 케익 |
| das Vollkornbrot,-e | 통밀 빵 |
| das Weißbrot, -e | 화이트 브레드 |

### [ der Fisch, -e · die Meeresfrucht / 생선 · 해산물 ]

| | |
|---|---|
| der Aal, -e | 뱀장어 |
| die Auster, -n | 굴 |
| die Forelle, -n | 송어 |
| der Hering, -e | 청어 |

| | |
|---|---|
| der Hummer, - | 가재 |
| die Krabbe, -n | 게 |
| die Makrele, -n | 고등어 |
| die Muschel, -n | 조개 |
| der Seetang, -e | 해초, 해조류 |

**[ das Fleisch · das Geflügel und die Wurst / 고기 · 가금류 · 소시지 ]**

| | |
|---|---|
| das Hühnerfleisch (Sg) | 닭고기 |
| das Lammfleisch (Sg) | 양고기 |
| das Rindfleisch (Sg) | 쇠고기 |
| der Salami, -s/die Salami, - | 살라미 |
| das Schweinefleisch (Sg) | 돼지고기 |
| die Wurst, ¨e | 소시지 |

**[ das Getränk / 음료수 ]**

| | |
|---|---|
| die/das Cola (Sg) | 콜라 |
| die/das Fanta (Sg) | 환타 |
| die Sprite (Sg) | 스프라이트 (사이다) |
| der Kaffee (Sg) | 커피 |
| der Saft, ¨e | 주스 |
| der Orangensaft, ¨e | 오렌지 주스 |
| der Tomatensaft, ¨e | 토마토 주스 |
| der Tee (Sg) | 차 |
| der Ginsengtee (Sg) | 인삼차 |

| | |
|---|---|
| der Kamillentee (Sg) | 카모마일 차 |
| der Kräutertee (Sg) | 허브차 |
| der Pfefferminztee (Sg) | 페퍼민트 차 |

**[das alkoholische Getränk · Spirituose, -n / 알코올 음료 · 농도가 높은 알코올 음료]**

| | |
|---|---|
| das Bier (Sg) | 맥주 |
| der Cocktail, -s | 칵테일 |
| der Korn (Sg) | 곡주 |
| der Wein (Sg) | 와인 |

**[ das Getreide / 곡식 ]**

| | |
|---|---|
| der Buchweizen (Sg) | 메밀 |
| der Hafer, - | 귀리 |
| der Korn, ¨-er | 곡물 |
| der Mais (Sg) | 옥수수 |
| das Mehl (Sg) | 밀가루 |
| der Reis, -e | 쌀 |
| der Roggen (Sg) | 호밀 |
| der Vollkorn (Sg) | 통밀 |
| der Weizen (Sg) | 밀, 소맥 |

### [ das Gewürz / 양념 · 조미료 ]

| | |
|---|---|
| das Chilipulver, - | 고춧가루 |
| der Essig , -e | 식초 |
| der Ingwer (Sg) | 생강 |
| der/das Ketschup, -s | 케첩 |
| der Knoblauch (Sg) | 마늘 |
| die Mayonnaise, -en | 마요네즈 |
| der Pfeffer (Sg) | 후추가루 |
| das Salz (Sg) | 소금 |
| der Zucker (Sg) | 설탕 |

### [ das Milchprodukt / 유제품 ]

| | |
|---|---|
| die Butter (Sg) | 버터 |
| der Camembert, -s | 까망베르 |
| das Eis (Sg) | 아이스크림 |
| der Frischkäse (Sg) | 크림치즈 |
| der/die/das Joghurt, -s | 요구르트 |
| der Käse (Sg) | 치즈 |
| die Milch (Sg) | 우유 |
| der Quark (Sg) | 응유치즈 |
| die Sahne (Sg) | 생크림 |

## [ das Obst · die Frucht · und das Gemüse / 과일 · 열매 · 야채 ]

| | |
|---|---|
| der Apfel, ¨e | 사과 |
| die Apfelsine, -n | 오렌지 |
| die Banane, -n | 바나나 |
| die Birne, -n | 배 |
| die Bohne, -n | 콩 |
| der Chinakohl (Sg) | 배추 |
| der Eisbergsalat (Sg) | 양상추 |
| die Erbse, -n | 완두콩 |
| die Erdbeere, -n | 딸기 |
| die Erdnuss, ¨e | 땅콩 |
| die Gurke, -n | 오이 |
| die Haselnuss, ¨e | 헤이즐넛 |
| die Himbeere, -n | 산딸기 |
| die Honigmelone, -n | 참외 |
| die Kirsche, -n | 버찌/체리 |
| die Karotte, -n | 당근 |
| der Kopfsalat | 상추 |
| die Mandarine, -n | 귤 |
| die Mandel, - | 아몬드 |
| die Nuss, ¨e | 견과 |
| die Orange, -n | 오렌지 |
| der Porree/Lauch | 파 |
| die Sellerie, - | 셀러리 |
| die Tomate, -n | 토마토 |
| die Walnuss, ¨e | 호두 |

| | |
|---|---|
| die Wassermelone, -n | 수박 |
| die Weintraube, -n | 포도 |
| der Weißkohl (Sg) | 양배추 |
| die Zitrone, -n | 레몬 |
| die Zwiebel, -n | 양파 |

**[ die Süßigkeit / 단과 ]**

| | |
|---|---|
| der/das Bonbon, -s | 사탕, 캔디 |
| der/das Kaugummi, -s | 껌 |
| der Pudding, -s | 푸딩 |
| die Schokolade, -n | 초콜릿 |

**[ Sonstiges / 그 밖에 ]**

| | |
|---|---|
| das Fertiggericht, -e | 인스턴트 식품, 완제품 |
| die Nudel, -n | 면 |
| das Öl, -e | 식용유 |
| die Tiefkühlkost (Sg) | 냉동식품 |

## 6-2 im Supermarkt einkaufen
## 장보기

**[ Was kostet das? / 얼마예요? ]**

kosten 값이 얼마로 되다

- Was kosten 5kg Kartoffeln?

 감자 5kg(킬로그램)은 얼마인가요?

probieren 맛보다

- Darf ich das Brot probieren?

 이 빵 맛 좀 봐도 될까요?

riechen, roch, hat gerochen 냄새가 나다

- Oh, das Fleisch riecht schlecht.

 오, 고기 냄새가 안 좋아요.

frisch sein 신선(싱싱)하다

- Die Fische sind sehr frisch.

 생선들이 아주 싱싱해요.

faul sein 썩었다, 상했다

- Der Joghurt riecht komisch. Ich glaube er ist faul.

 이 요거트 냄새가 이상해요. 상한 것 같아요.

reif sein 익었다

• **Sind die Kirschen schon reif?**

버찌가 다 익었나요?

wiegen, wog, hat gewogen 무게를 달다

• **Könnten Sie bitte die Birnen wiegen?**

이 배 무게 좀 달아 주실 수 있나요?

die Scheibe, -en (Brot/Käse)
슬라이스 (빵/치즈 등)
die Tafel, -n (Schokolac
초콜렛(한 판)
das Stück, -e (kuchen)
조각 (케익)
die Tüte, -n
봉지

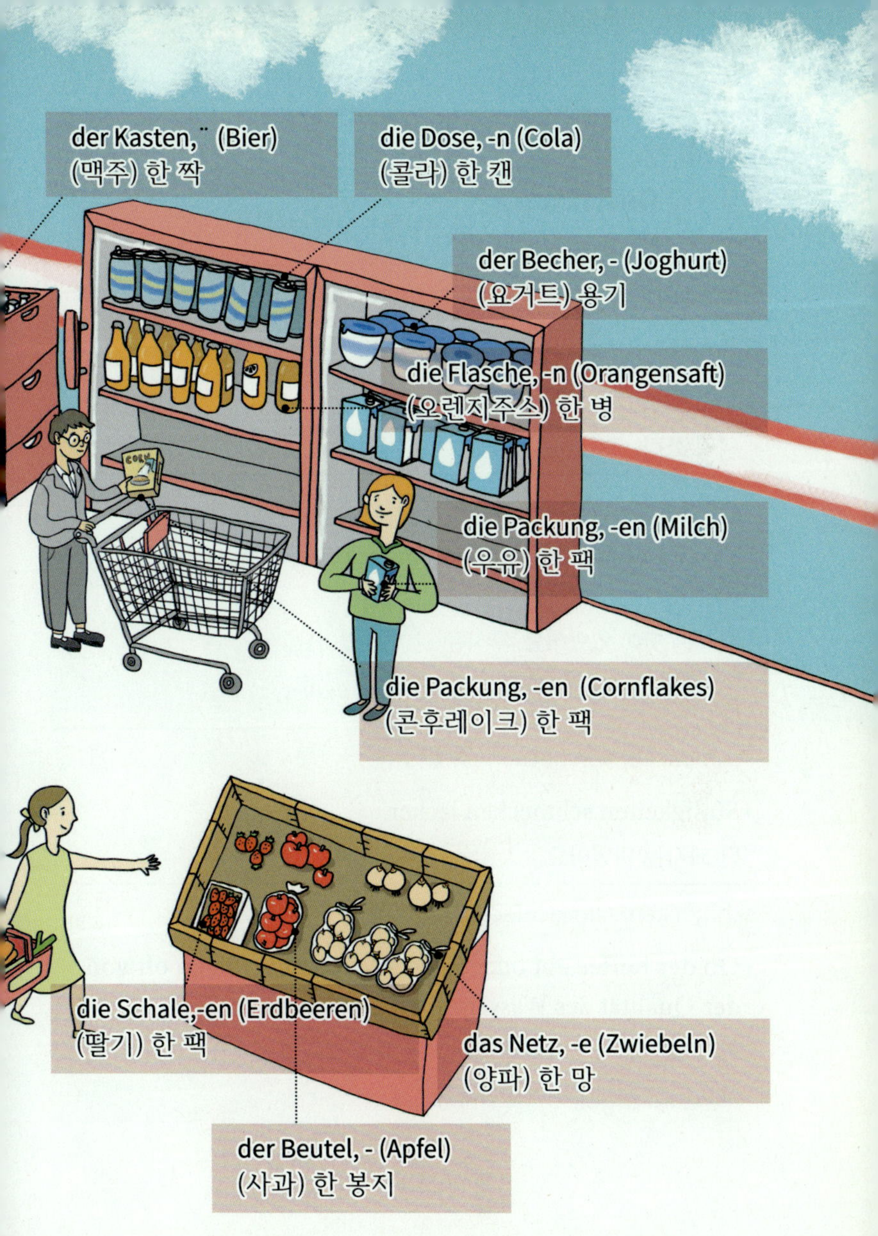
der Kasten, ¨ (Bier)
(맥주) 한 짝
die Dose, -n (Cola)
(콜라) 한 캔
der Becher, - (Joghurt)
(요거트) 용기
die Flasche, -n (Orangensaft)
(오렌지주스) 한 병
die Packung, -en (Milch)
(우유) 한 팩
die Packung, -en (Cornflakes)
(콘후레이크) 한 팩
die Schale, -en (Erdbeeren)
(딸기) 한 팩
das Netz, -e (Zwiebeln)
(양파) 한 망
der Beutel, - (Apfel)
(사과) 한 봉지

## 6-3 Geschmack
맛

schmecken/sein (bitter) 맛이 쓰다

• Die Medizin schmeckt/ist bitter.
약이 쓰다.

schmecken/sein (gut) 맛이 좋다

• Das Essen hat sehr gut geschmeckt. Aber die Nachspeise war nicht gut.
식사는 맛이 있었어요. 후식은 맛이 없었어요.

* der Nachtisch, -e/die Nachspeise, -n/das Dessert ,-s 후식

schmecken/sein (lecker) 맛있다

• Süßigkeiten schmecken lecker.
단 과자는 맛있어요.

schmecken/sein (schlecht) 맛이 없다

• Ob der Kaffee gut oder schlecht schmeckt, hängt oft von der Qualität des Wassers ab.
커피가 맛이 좋은지 나쁜지는 수질에 달려있어요.

* ab|hängen von +D ~에 달려있다, ~이 결정적이다

schmecken/sein (salzig) 맛이 짜다

• Salzgurken schmecken oft zu salzig. Man sollte sie mit anderen Gerichten essen.

절인 오이는 종종 너무 짜요. 다른 요리와 함께 먹어야 해요.

* das Gericht, -e 음식, 요리

schmecken/sein (sauer) 맛이 시다

• Zitronen schmecken sauer.

레몬은 시어요.

schmecken/sein (scharf) 맛이 맵다

• Gimtschi schmeckt oft scharf.

김치는 종종 매워요.

schmecken/sein (süß) 맛이 달다

• Schokolade schmeckt süß.

초콜릿은 달아요.

## 6-4 Mahlzeit
## 식사시간

das Frühstück, -e 아침식사 | frühstücken 아침식사를 하다

- Yvonne frühstückt nie. Aber ihr Mann isst zum Frühstück drei Brötchen mit Wurst und Käse.
  이본은 아침을 먹지 않아요. 그러나 그녀의 남편은 아침식사로 햄과 치즈를 올린 하드롤 빵 세 개를 먹어요.

das Mittagessen, - 점심식사
essen zu Mittag/Mittag essen 점심을 먹다

- Was gibt es heute zum Mittagessen? Wann essen wir (zu) Mittag?
  점심식사에 뭐가 나와요? 우리는 언제 점심을 먹지요?

das Abendessen, -/das Abendbrot, -e 저녁식사
essen zu Abend 저녁을 먹다

- Heute kocht meine Mutter das Abendessen. Und die ganze Familie isst zusammen zu Abend.
  오늘 엄마가 저녁식사를 준비해요. 그리고 온 가족이 함께 저녁식사를 해요.

**die Zwischenmahlzeit, -en** 간식 | **der Imbiss, -e** 간식

- **Zwischen Mittagessen und Abendessen brauche ich eine Zwischenmahlzeit, also einen kleinen Imbiss.**

  점심식사와 저녁식사 사이에 나는 간식이 필요해요.

> * der Imbiss 스낵 코너; 작은 식당이라는 뜻도 있음.
>
> * 독일에서는 간식을 der Imbiss., 오스트리아에서는 der Jause, 스위스에서는 die Vesper라고 함.

## 6-5 Essen und Trinken
## 먹고 마시다

ab|nehmen (nimmt ab), nahm ab, hat abgenommen
살을 빼다

- Ich wiege schon 90kg. Ich muss abnehmen!

  벌써 90kg(킬로그램)이 나가. 살을 빼야 해!

auf|wärmen (Essen)  (음식을) 데우다

- Schmeckt aufgewärmtes Essen so gut wie frisch gekochtes?

  데운 음식도 방금 요리한 음식만큼 맛이 있나요?

blau sein (ugs)  술에 취했다

- Er hat Zehn Flaschen in einer Stunde getrunken. Er ist ganz blau.

  그는 한 시간 안에 맥주 10병을 마셨어요. 그는 술에 만취되었어요.

sich betrinken mit+D, betrank sich, hat sich betrunken
~를 마셔 취하다

- Sie betrank sich mit Tequila.

  그녀는 데킬라를 취하도록 마셨다.

betrunken sein 술에 취했다

• Hör nicht auf das, was er sagt, er ist schon wieder völlig betrunken!

그가 하는 말 듣지마, 그가 또 완전히 술에 취했어!

sich besaufen (ugs) 술을 취하도록 마시다

• Nach dem Tod seiner Frau besäuft er sich jeden Abend.

아내가 사망한 후 그는 매일 저녁 술을 취하도록 마신다.

sich besaufen mit +D, besoff sich, hat sich besoffen
어떤 술로 취하도록 마시다

• Warum hat er sich mit Schnaps besoffen?

그는 왜 소주를 취하도록 마셨어?

duften 향기가 나다

• Mama kocht heute etwas sehr Leckeres. Es duftet so schön.

엄마는 오늘 맛있는 것을 요리하신다. 좋은 냄새가 나요.

essen (isst), aß, hat gegessen 먹다, 식사하다

• Was isst du am liebsten?

뭘 가장 잘 먹니?

ein|gießen, goss ein, hat eingegossen 따라주다

• Darf ich dir noch einen Kaffee eingießen?

커피 한 잔 더 줄까?

**ein|schenken** 마실 것을 따라주다

• Oh, mein Glas ist leer, schenkst du mir noch was ein?
오, 내 잔이 비었네. 한 잔 더 줄래?

**sich ernähren** 영양을 섭취하다

• Man muss sich ausgewogen ernähren, um gesund zu sein.
건강하려면 균형 있게 먹어야 해요.

* ausgewogen 균형있는

**fasten** 금식하다

• Die Muslime fasten im Monat Ramadan.
무슬림들은 라마단동안 금식을 합니다.

**füttern** (아기,동물)을 먹이다

• Erika füttert zuerst das Baby und dann isst sie.
에리카는 우선 아기를 먹이고 나서 식사를 한다.

• Bitte nicht füttern!
먹이를 주지 마세요.

**holen** 사가지고 오다

• Morgens holt mein Mann immer warme Brötchen von der Bäckerei.
아침에 남편은 따끈한 하드롤빵을 빵집에서 사가지고 온다.

etw kosten ~을 맛보다

- Haben Sie eigentlich schon einmal meine Sachertorte gekostet?

제가 만든 자허케익(오스트리아식 초코렛케익) 맛보신 적 있으세요?

löschen (den Durst) (갈증을) 해소하다

- Mit Wasser kann man am besten den Durst löschen.

생수로 갈증을 해소하는 것이 제일 좋아요.

machen (das Essen) 식사를 만들다

- Wer macht heute das Essen?

오늘 누가 식사를 준비해요?

nehmen (nimmt), nahm, hat genommen 먹다

- Nehmen Sie doch noch ein Stück Kuchen!

케익 한 조각을 더 드세요!

schlucken 삼키다

- Du schluckst ja alles herunter! Das ist nicht gut für die Verdauung.

넌 뭐든 그냥 다 삼켜버려! 소화에 안 좋아!

* die Verdauung 소화

jm schmecken 누구에게 맛이 있다

- Mir schmeckt alles.

나에겐 다 맛이 좋아요.

trinken, trank, hat getrunken 마시다

• Nach dem Essen trinken wir immer einen starken Kaffee.

식사 후에 우리는 늘 진한 커피 한 잔을 마신다.

sich übergeben (übergibt sich), übergab sich, hat sich übergeben 토하다

• Er hat zu viel Bier getrunken und musste sich übergeben.

그는 맥주를 너무 많이 마셔서 토했다.

zu|nehmen (nimmt zu), nahm zu, hat zugenommen 살이 찌다

• Im Urlaub habe ich immer sehr gut gegessen. Da habe ich 3kg zugenommen.

휴가 때 나는 너무 잘 먹었어. 그 때 3kg이 쪘어.

essen zu Abend (isst zu Abend), aß zu Abend, hat zu Abend gegessen 저녁식사를 하다

• Frau Koch isst immer zu Hause mit ihren Kindern zu Abend.

코흐씨는 늘 집에서 자녀들과 함께 저녁식사를 한다.

essen zu Mittag (isst zu Mittag), aß zu Mittag, hat zu Mittag gegessen 점심식사를 하다

• Frau Koch isst in der Katine zu Mittag.

코흐씨는 구내식당에서 점심식사를 한다.

## 6-6 Kochen und Backen
## 요리와 빵굽기

ab|löschen 식히다 (요리할 때 쓰는 용어)

• Nachdem Sie die Zwiebeln mit ein wenig Fett und Mehl angeschwitzt haben, löschen Sie sie mit etwas Wasser oder Wein ab.

양파를 적은 양의 기름과 밀가루와 함께 살짝 볶은 후 약간의 물과 와인으로 식히세요.

* an|schwitzen 약한 불에 살짝 볶다

an|braten (brät an), briet an, hat angebraten 살짝 굽다

• Man muss das Fleisch vorher anbraten.

그 전에 고기를 살짝 구워 줘야 해요.

an|machen (den Salat) (샐러드를) 만들다

• So, jetzt machen wir den Salat an: Essig, Öl, Salz, Petersilie, Kräuter···

자, 이제 우리 샐러드를 만들자: 식초, 식용유, 소금, 파슬리, 허브···

auf|kochen 끓어오르다, 끓기 시작하다

• Kurz aufkochen und fertig ist das Gericht.

잠시 끓이면 요리는 완성됩니다.

backen, buk/backte, hat gebacken 굽다

• Zu Weihnachten werden viele Plätzchen gebacken.
크리스마스 때에 많은 과자(작은 모양의 쿠키)를 굽는다.

braten (brät), briet, hat gebraten 굽다

• Was brätst du da gerade in der Pfanne? Das riecht gut!
후라이팬에 지금 막 무엇을 굽고 있니? 냄새가 좋은데!

brühen 삶다, 데치다

• Man sollte die Bratwurst vor dem Braten brühen.
소시지는 굽기 전에 물에 한 번 데치는 것이 좋아요.

* die Bratwurst, ¨e 구워서 먹는 소시지

ein|rühren 섞다

• Am Schluss muss man noch das Mehl in den Kuchenteig einrühren.
끝으로 밀가루를 케이크 반죽에 섞어야 해요.

* der Kuchenteig, -e 케이크 반죽

garnieren (음식을) 장식하다

• Wie schön du die Käseplatte garniert hast! Das sieht sehr appetitlich aus.
치즈 플레이트를 참 멋지게 장식했구나! 맛있게 보인다.

* appetitlich 식욕을 돋구는, 맛있게 보이는

**grillen** 그릴에 굽다

• Grillen wir morgen?

내일 우리 그릴/바베큐할까?

**kochen** 끓이다, 요리하다

• Meine Frau kann sehr gut kochen. Aber den Kaffee koche ich immer.

아내는 요리를 잘 해요. 그러나 커피는 내가 끓여요.

**panieren (den Fisch oder das Fleisch)**

(생선이나 고기에) 빵가루를 묻히다, 튀김 옷을 입히다

• Panieren können Sie wie folgt: Reiben Sie das Fleisch zunächst mit Mehl ein, geben Sie es dann ins Ei und wälzen Sie es anschließend im Paniermehl.

다음과 같이 고기에 튀김옷을 입히세요: 우선 고기에 밀가루를 바르고 그것을 계란에 담근 다음 빵가루에 이리 저리 굴립니다.

* ein|reiben 바르다, 문지르다
* anschließend 나중에, 뒤이어
* wälzen 굴리다
* das Paniermehl 빵가루

**portionieren** 일인분 씩 나누다

• Mit dem neuen Eisportionierer können Sie viel schneller als bisher das Eis portionieren!

새로운 아이스크림 스쿱으로 지금 보다 더 빨리 아이스크림을 일인분씩 나눌 수 있어요!

* der Eisportionierer, - (아이스크림을 덜 때 쓰는 국자 같은 스푼) 스쿱

putzen (das Gemüse) (채소를) 다듬다

• Ich koche das Fleisch und du sollst inzwischen das Gemüse putzen, waschen und in feine Streifen schneiden.

나는 고기를 삶을 테니까 너는 그 사이에 채소를 다듬고 씻어서 길고 얇게 썰어.

* fein 미세한 * der Streifen, - 가늘고 길쭉한 부분

rühren 휘젓다

• Der Teig muss eine Stunde gerührt werden.

반죽을 한 시간 휘저어야 해요.

* der Teig, -e 반죽

schälen 깎다

• Diesen Apfel solltest du schälen, bevor du ihn isst.

이 사과는 먹기 전에 깎아야 할거야.

schlagen (die Sahne) (schlägt), schlug, hat geschlagen
(생크림을) 저어 거품을 일게하다

• Schlagen Sie die Sahne nicht zu lange, sonst kriegen Sie Butter!

생크림을 너무 오래 젓지 마세요. 그렇지 않으면 버터가 돼요.

* kriegen 얻다

schneiden, schnitt, hat geschnitten 썰다

• Kannst du bitte das Fleisch schneiden?

고기 좀 썰어 줄 수 있겠니?

um|rühren 휘저어 주다

• Sie müssen die Suppe gut umrühren, sonst brennt sie an.

수프를 잘 휘저어 주어야 해요. 그렇지 않으면 눌어붙어요.

un|terrühren 섞어서 휘저어 주다

• Als Nächstes das Tomatenmark unterrühren und nach rund 10 Min. mit dem Rotwein und dem Wasser ablöschen.

다음으로 토마토 페이스트를 고루 잘 섞어서 저어주고 10여분간 적포도주와 물을 넣고 식혀줍니다.

wenden, wandte/wendete, hat gewandt/gewendet
뒤집다, 돌리다

• Schnell wendete sie den Braten in der Pfanne.

그녀는 후라이팬에 있는 고기를 빨리 뒤집었어요.

würfeln 깍둑 썰다

• Das Fleisch wird klein gewürfelt und angebraten.

고기를 주사위꼴로 썰어서 살짝 굽는다.

würzen 양념하다

• Würzen Sie die Speise nicht allzu sehr, nur ein bisschen!

음식에 양념을 너무 많이 치지마세요, 조금만 치세요!

## 6-7 Essen gehen
## 외식하기

### [ Wo kann man etwas essen? / 어디서 뭘 먹을 수 있나요? ]

| | |
|---|---|
| in der Bäckerei | 빵집, 제과점에서 |
| im Gasthaus/im Gasthof | 숙박이 제공되는 음식점에서 |
| in der Gaststätte | 음식점, 식당에서 |
| im Imbiss | (서서 먹는) 간이 식당에서 |
| in der Kantine | 구내식당에서 |
| in der Kneipe | 선술집에서 |
| in der Konditorei | 제과점, 다과점에서 |
| im Lokal | 음식점, 식당에서 |
| in der Mensa | 학생식당에서 |
| im Restaurant | 일반식당, 레스토랑에서 |

### [ Im Restaurant / 식당에서 ]

| | |
|---|---|
| alkoholfreies Getränk | 알코올이 없는 음료 |
| der Aperitif, -s | 식욕 증진을 위해 식전에 마시는 술 |
| die Bedienung, -en | 서빙하는 사람 |
| die Beilage, -en | 곁들어 나오는 음식 |
| die Bestellung, -en | 주문 |
| das Bier (Sg) | 맥주 |

| | |
|---|---|
| das Dessert, -s/die Nachspeise, -n/<br>der Nachtisch,-e | 후식 |
| der Digestif, -s | 소화를 촉진시키기 위해 마시는 술 |
| das Gericht, -e | 요리 |
| das Hauptgericht, -e/<br>der Hauprtgang, -gänge | 메인메뉴 |
| der Kellner, - | 직업교육을 받은 웨이터 |
| der Likör, -e | 리큐어 |
| die Menükarte, -n | 메뉴카드 |
| das Mineralwasser (Sg) | 생수 |
| die Rechnung, -en | 계산서 |
| der Schnaps, Schnäpse | 화주(곡주) |
| der Sekt (Sg) | (독일) 샴페인 |
| die Soße, -n/die Souce, -n | 소스 |
| die Speisekarte, -n | 메뉴판 |
| die Spirituose, -n | 농도가 높은 알코올 음료 |
| der Stammtisch, -e | 단골손님용 식탁 |
| die Suppe, -en | 수프 |
| das Trinkgeld, -er | 팁 |
| vegetarisches Gericht,<br>vegetarische Gerichte | 채식요리 |
| die Vorspeise, -en | 전채 (요리) |
| das Wasser mit Kohlensäure | 탄산수 |
| das Wasser ohne<br>Kohlensäure/stilles Wasser | 탄산이 없는 생수 |
| der Wein/der Rotwein/<br>der Weißwein/Rose | 포도주/적포도주/<br>백포도주/로제(와인) |
| die Weinschorle, -n | 와인과 탄산수를 섞은 음료 |

①
⑫
⑪
⑩
②
③
⑬
⑤
④
⑨
④
⑥
⑤
⑦
⑧

| die Tasse, -n | 잔 |
|---|---|
| das Glas, ¨er | 유리잔 |
| der Becher,- | 머그잔 |
| der Teller,- | 접시 |
| die Schale,-n | 사발/공기 |
| | |
| der gedeckte Tisch | 테이블 세팅 |
| ① der Salatteller, - | 샐러드 접시 |
| ② der Brotteller, - | 빵 접시 |
| ③ die Buttermesser, - | 버터 나이프 |
| ④ das Vorspeisenbesteck, -e | 전채 요리 나이프/포크/스푼 |
| ⑤ das Besteck, -e für den Hauptgang | 메인 코스 나이프/포크/스푼 |
| ⑥ die Suppentasse, -n | 수프 그릇 |
| ⑦ der Vorspeisenteller, - | 전채를 위한 접시 |
| ⑧ der Menüteller, - | 메인 요리를위한 접시 |
| ⑨ der Suppenlöffel, - | 수프 스푼 |
| ⑩ das Getränk,-e zur Vorspeise | 전채를 위한 와인잔 |
| ⑪ das Glas , ¨er für den Hauptgang | 메인 요리를 위한 와인잔 |
| ⑫ das Wasserglas | 물잔 |
| ⑬ das Dessertbesteck, -e | 디저트 스푼 |

bedienen 서빙하다

• Der Kellner bedient die Gäste hervorragend.

웨이터는 손님을 아주 훌륭하게 서빙해요.

* hervorragend 훌륭한, 탁월한

bestellen 주문하다

• Die Gäste bestellen das Essen.

손님은 식사를 주문합니다.

bezahlen (zusammen/getrennt)
(한 사람이/따로따로) 지급하다, 계산하다

• Heute bezahlt Herr Ohm das Essen.

오늘은 옴씨가 식사를 계산해요.

essen gehen, ging essen, ist essen gegangen 외식하러가다

• Am Freitagabend gehe ich mit meinem Mann immer essen, weil ich keine Lust zum Kochen habe.

금요일 저녁에는 늘 남편과 외식을 해요. 왜냐하면 요리하기가 싫거든요.

lesen (die Speisekarte) (liest), las, hat gelesen 메뉴판을 읽다

• Die Kellnerin bringt uns die Speiskarte und wir lesen sie. Es gibt viele Gerichte, die ich noch nicht probiert habe.

여 종업원은 메뉴판을 가지고 오고 우리는 메뉴를 읽어요. 아직 맛보지 못한 메뉴들이 많아요.

reservieren 예약하다

- **Wenn man am Freitagabend in diesem Restaurant essen will, dann sollte man vorher einen Tisch reservieren lassen, sonst muss man sehr lange warten.**

  금요일 저녁에 이 식당에서 식사를 하려면, 그 전에 테이블을 예약해야 해요. 그렇지 않으면 오래 기다려야 해요.

---

rufen, rief, hat gerufen 부르다

- **Wie ruft man den Kellner?**

  웨이터를 어떻게 부르죠?

---

wählen 선택하다

- **Haben Sie schon gewählt?**

  선택하셨나요?

## 6-8 Tischmanieren
## 식사예절

benutzen (die Serviette, das Taschentuch)
(냅킨/손수건) 사용하다

- Wenn Sie die Nase putzen wollen, benutzen Sie (dann) immer das Taschentuch, niemals die Serviette!
  코를 풀고 싶으면 손수건을 사용하시고, 냅킨은 절대 사용하지 마세요.

essen (laut) (isst), aß, hat gegessen (큰 소리로) 먹다

- Man darf nicht laut essen.
  소리를 내며 먹어서는 안 돼요.

essen (mit beiden Händen) (isst), aß, hat gegessen
(두 손으로) 먹다

- In Deutschland isst man mit beiden Händen.
  독일에서는 두 손으로 식사를 해야 해요!

gestikulieren 몸짓/손짓하다.

- Man darf nicht mit Gabel und Messer gestikulieren.
  포크와 나이프를 손에 들고 휘두르지 말아라.

putzen (die Nase) (코를) 닦다

- In Deutschland darf beim Essen die Nase putzen, aber in Korea darf man es nicht.

독일에서는 식사 중에 코를 풀어도 되지만, 한국에서는 그렇게 하면 안되요!

rülpsen 트림하다

- Beim Essen darf man nicht rülpsen!

식사 중에 트림하면 안되요!

schmatzen 쩝쩝거리며 먹다

- Beim Essen darf man weder in Deutschland noch in Korea rülpsen und schmatzen.

식사 중에는 독일뿐만 아니라 한국에서도 트림하고 쩝쩝거리면 안 되요.

sprechen (mit vollem Mund) (입 안에 가득 넣은 채) 말하다.

- Man sollte nicht mit vollem Mund sprechen.

음식을 먹으며 말하면 안되요.

stützen (die Ellbogen) (팔꿈치를) 식탁에 받치다.

- beim Essen durfte man die Ellenbogen nicht auf den Tisch stützen!

팔꿈치를 식탁에 위에 올리면 안되요.

# 07

## Wohnen
## 거주

7-1 **Wohnmöglichkeiten**
주거 가능성

7-2 **Abkürzungen in den Wohnungsanzeigen**
주택광고의 약어들

7-3 **Wohnungsanzeigen im Internet oder in der Zeitung**
인터넷 혹은 신문의 주택광고

7-4 **Wohnungssuche**
집 구하기

7-5 **Telefongespräch**
전화통화

7-6 **Beim Renovieren vor dem Einzug**
입주 전 집 수리

## 7-1 Wohnmöglichkeiten
## 주거 가능성

- *Häuser und Wohnungen.*
  *단독주택 혹은 아파트.*

---

das Hochhaus, ¨-er 고층아파트

- In Seoul wohnen viele Leute in einem Hochhaus. Das ist ein sehr hohes Haus mit vielen Etagen.

서울에 많은 사람들은 고층아파트에서 산다. 이러한 아파트는 고층으로 되어 있는 주거형태이다.

* der Bewohner, - 주민

---

die Altbauwohnung, -en 구형 아파트

- Ich wohne in einer Altbauwohnung. Das ist eine Wohnung in einem Haus, das vor 1949 gebaut wurde.

나는 구형아파트에 산다. 이 아파트는 1949년 전에 지어졌다.

* bauen (ein Haus) (집을) 짓다

die Villa, die Villen 빌라, 고급주택

• In der Kulturstadt Dresden gibt es an der Elbe wunderschöne Villen. Das sind große und teure Häuser mit einem großen Garten.
문화 도시인 드레스덴에는 엘베 강가에 아름다운 빌라들이 있다. 이 빌라들은 커다란 정원을 가진 크고 값비싼 주택들이다.

* die Kulturstadt, ¨-e 문화도시
* die Elbe 엘베강
* Dresden 드레스덴

das Schloss, ¨-er 성 | der König, -e 왕 | der Fürst, -en 영주

• Ein Schloss ist ein großes und sehr wertvolles Gebäude. Es ist von einem großen Garten umgeben. Früher lebten darin Könige oder Fürsten.
성은 크고 매우 가치가 있는 건물이다. 그것은 커다란 공원으로 둘러 싸여 있다. 예전에 그곳에 왕이나 영주가 살았다.

* wertvoll 귀한
* umgeben sein von +D ~으로 둘러 쌓여 있다

das Reihenhaus, ¨-er 연립주택 | in einer Reihe 줄지어

• Ein Reihenhaus ist meistens ein Einfamilienhaus, in einer Reihe von gleichen, aneinander gebauten Häusern.
연립주택이란 대부분 단독주택으로 동일한 집들이 서로 연달아 지어져 있다.

* aneinander gebaut 연달아 지어진

das Einfamilienhaus, ¨-er 단독주택 | der Garten, ¨- 정원

• Meine Eltern wohnen in einem 100 Quadratmeter großen Einfamilienhaus mit Garten am Stadtrand.

나의 부모님은 도시외곽에 정원이 딸린 100 평방미터 크기의 단독주택에 산다.

---

die Neubauwohnung, -en 신축 아파트

• Sabine wohnt in einer 62 Quadratmeter großen Neubauwohnung mit Balkon.

자비네는 62평방미터의 발코니가 있는 신축아파트에서 산다.

* der Balkon, -s / -e 발코니

---

die Ferienwohnung, -en 휴가 중에 묵을 집
der Urlaub (Sg) 휴가

• Wir wollen nach Italien in Urlaub fahren. Da haben wir eine Ferienwohnung gemietet.

우리는 이탈리아로 휴가를 떠나려고한다. 그래서 거기에 휴가 중에 묵을 집을 빌렸다.

* fahren (in Urlaub) (fährt), fuhr, ist gefahren 휴가 떠나다
* mieten 세를 내다

---

das Studentenwohnheim, -e 기숙사

• Ich studiere an der TU Dresden und wohne zurzeit in einem Zimmer in einem Studentenwohnheim.

나는 드레스덴 공대에서 공부하며 기숙사 방에서 살고 있다.

* zurzeit 현재

die Wohngemeinschaft, -en 주거 공동체

• Maria und ihre Freundinnen Anna und Kathrin wollen zusammen in einer Wohngemeinschaft wohnen, deshalb suchen sie eine 3-Zimmerwohnung mit Küche und Bad.
마리아와 친구인 안나 그리고 카트린은 주거 공동체에서 함께 살고자 한다. 그래서 부엌과 목욕탕이 딸린 방 세 개짜리 집을 구하고 있다.

der Bauernhof, ¨-e 농가

• Ralf würde gern auf einem Bauernhof wohnen, weil er die Natur liebt und gern Tiere um sich haben möchte.
랄프는 자연을 사랑하고 동물들을 가지고 싶어하기 때문에 농가에서 살고 싶어한다.

* die Natur (Sg) 자연
* das Tier, -e 동물

das Ökohaus, ¨-er 에코주택
die Solarenergie (Sg) 태양에너지

• Ich würde gern in einem Ökohaus wohnen, weil man da mit Solarenergie und Wasserspartechnik umweltfreundlich leben kann.
나는 에코주택에서 살고 싶다. 태양에너지와 물 절약기술이 있어서 환경 친화적으로 살 수 있기 때문이다.

* die Wasserspartechnik (Sg) 물 절약기술
* umweltfreundlich 환경 친화적

das Fachwerkhaus, ¨-er 전통목골가옥
denkmalgeschützt 문화유산관리대상의

- Ein Fachwerkhaus ist ein denkmalgeschütztes Haus, in dem die Wände aus Holz, Lehm und Ziegeln bestehen. Die Holzbalken sind von außen sichtbar.

  목골가옥은 문화유산관리대상의 가옥으로 벽들은 목재, 점토, 벽돌로 되어 있다. 목재각목들은 가옥의 외형에서 볼 수있다.

  * der Holz, ¨-er 목재
  * der Lehm, -e 점토
  * der Ziegel, - 벽돌

## 7-2 Abkürzungen in den Wohnungsanzeigen
## 주택광고의 약어들

**[Wie heißen die Abkürzungen?/ 이 약어들은 무슨 뜻인가요?]**

| | | | |
|---|---|---|---|
| 2- ZW | Zweizimmerwohnung<br>(방 두 개의 집) | NR | nur Nichtraucher<br>(금연자에게만) |
| m² | Quadratmeter<br>(평방 제곱미터) | WG | Wohngemeinschaft<br>(주거공동체) |
| NK | Nebenkosten<br>(난방비,물세 포함한 관리비) | inkl. | inklusiv<br>(합하여) |
| EG | Erdgeschoss<br>(일층) | MM | Monatsmiete<br>(한 달 집세) |
| DG | Dachgeschoss<br>(다락층) | Etg | Etage<br>(층) |
| EBK | Einbauküche<br>(빌트인 부엌) | zentr. | zentral<br>(시내) 중심의 |
| geeig. | geeignet<br>(~적합한) | BLK | Balkon<br>(발코니) |
| 2 MM | 2 Monatsmieten<br>(두 달의 집세) | Terr. | Terrasse<br>(테라스) |
| Gar. | Garage<br>(주차장) | RH. | Reihenhaus<br>(연립주택) |
| TG. | Tiefgarage<br>(지하주차장) | KT. | Kaution<br>(보증금) |
| Gart. | Garten<br>(정원) | Kü | Küche<br>(부엌) |
| Whg | Wohnung<br>(아파트) | v priv. | von privat<br>(개인적으로) |

## 7-3 Wohnungsanzeigen im Internet oder in der Zeitung
## 인터넷 혹은 신문의 주택광고

- *Ich suche eine Wohnung.*
  *아파트를 구해요.*

**[Die erste Anzeige lautet... / 첫 번째 광고는 ~]**

- *Frankfurt: 3 ZW, 70 ㎡, 2. Etg, Balk, Keller, zentr., Nähe S-Bahn, 800 Euro inkl.NK, WG geeig. Tel: 0711- 32002*

---

groß sein (Wohnung)　집이 ~크다 | die Etage -n　층

- Die Dreizimmerwohnung in Frankfurt ist 70㎡ groß und liegt in der 2. Etage.
  프랑크푸르크의 방 3개 딸린 아파트는70 평방 미터이고 2층에 있다.

  * 독일의 2층은 한국의 3층에 해당한다.

---

die Garage, -n　주차장 | der Keller, -　지하실

- Sie hat eine Garage für das Auto und einen Keller.
  이 주택은 주차장이 있고 지하실이 있다.

zentral sein 중심에 놓여 있다 | in der Nähe ~근처에

• **Sie ist zentral und liegt in der Nähe der S-Bahn. Das ist sehr verkehrsgünstig.**

이 주택은 중심지에 있고 전차역이 가까이 있다. 교통편이 좋은 곳에 위치하고 있다.

* die S-Bahn, -en 전차
* verkehrsgünstig 교통편이 좋은

---

die Wohngemeinschaft, -en 주거공동체

• **Sie ist für eine Wohngemeinschaft geeignet.**

이 주택은 주거공동체에 적합하다.

* geeignet sein für +A ~에 적합하다

---

hoch sein (Miete) (집세가) ~이다

die Nebenkosten (Pl) 난방비, 물세 포함한 관리비

• **Die Miete ist inklusive Nebenkosten 800 Euro hoch.**

월세는 관리비를 포함하여 800유로이다.

* inklusiv 포함하여

**[Die 2. Anzeige lautet... / 두 번째 광고는 ~]**

- *Starnberg: Häuschen im Grünen: 5-ZKB, Dusche/WC getr., Terr m. gr. Gart.,traumhafte Lage, 2500,- +NK, 2 MM KT., v priv. Tel 069/312212 ab 19 Uhr.*

---

das Einfamilienhaus, ¨-er　단독주택

liegen (im Grünen)　(녹지에) 있다

- Das Einfamilienhaus in Starnberg liegt im Grünen.

  슈타른베르크에 있는 이 단독주택은 녹지에 위치하고 있다.

---

die Küche, -n　부엌 | das Bad, ¨-er　목욕탕

- Es hat 5 Zimmer, eine Küche, ein Bad, eine Dusche und auch ein getrenntes Gäste-WC.

  이 주택은 방이 5개이고, 부엌, 목욕탕, 샤워실, 그리고 손님용 화장실이 따로 있다.

  * haben (Zimmer)　(방을) 가지고 있다

  * die Dusche, -n　샤워실

---

(in einer traumhaften Lage) sein　(꿈 같이 멋진 곳에) 위치해 있다

- Es ist in einer traumhaften Lage.

  이 집은 꿈 같이 멋진 곳에　위치해 있다.

  * traumhaft　꿈같은

---

die Terrasse, -n　테라스

- Es hat eine Terrasse und auch einen großen Garten.

  이 주택에는 테라스와 커다란 정원이 있다.

die Miete, -n 집세 | die Nebenkosten (Pl) 관리비

• Die Miete beträgt 2500 Euro zuzüglich (plus) Nebenkosten.

집세는 관리비를 합해 2500유로이다.

* betragen (beträgt), betrug, hat betragen ~에 달하다

bezahlen (Kaution) (보증금을) 지불하다
die Kaution (Sg) 보증금

• Man muss zwei Monatsmieten Kaution bezahlen.

두 달 집세를 보증금으로 지불해야 한다.

* die Monatsmiete, -n 월세

kontaktieren (privat) (개인적으로) 연락한다

• Man soll den Vermieter privat kontaktieren und kann ab 19 Uhr anrufen.

개인적으로 집주인에게 연락을 해야하는데 저녁 7시부터 전화걸 수 있다.

## 7-4 Wohnungssuche
## 집 구하기

- *Mit wem soll ich sprechen?*
  *누구랑 이야기해야 할까요?*

---

der Mieter, - 세입자

- Der Mieter ist derjenige, der gern eine Wohnung mieten will.
  세입자는 집을 세 들고자 하는 사람이다.

  * mieten 세 들다

---

der Vermieter, -/der Hausbesitzer, - 집주인

- Der Vermieter ist der Hausbesitzer, der eine Wohnung zu vermieten hat.
  집주인은 세를 줄 집을 가지고 있는 사람이다.

---

der Makler, - 부동산 중개업자
erhalten (Provision) (erhält), erhielt, hat erhalten (수수료)를 받다 | die Provision, -en 수수료

- Ein Makler hilft Menschen, Wohnungen zu finden oder zu vermieten. Dafür erhält er eine Provision.
  중개업자는 아파트를 구하거나 세를 놓으려는 사람들을 돕는다. 그 대가로 수수료를 받는다.

der Mitbewohner, - (남성) 동거인

die Mitbewohnerin, - (여성) 동거인

- Ich wohne mit Anna und Kathrin in einer Wohngemeinschaft. Sie sind meine Mitbewohnerinnen.
  안나와 나 그리고 카트린은 한 아파트에서 공동생활을 하는 나의 동거인이다.

---

der Hausmeister, - 건물 관리인

- Wenn in der Wohnung etwas kaputt ist, sollte man den Hausmeister anrufen. Er kommt und repariert es.
  아파트에 무엇인가 파손되면 건물관리인에게 전화해야 한다. 그가 와서 수리한다.

---

die Telekom 텔레콤

beantragen (Telefon-und Internetanschluss) (전화 및 인터넷 연결을) 신청하다

- Den Telefon-und Internetanschluss muss man z.B bei der Telekom beantragen.
  전화와 인터넷연결은 예를 들어 텔레콤에 신청해야 한다.

> * das Telefon, -e 전화
>
> * der Internetanschluss, -¨se 인터넷 연결

**[Wohnungssuche / 집 구하기]**

- *Ich will in Deutschland eine Wohnung suchen. Was soll ich machen? Wie sollte ich dabei vorgehen?*

  *독일에서 집을 구해요. 무엇을 해야 하나요? 어떠한 순서로 일을 해야 할까요?*

---

lesen (Wohnungsanzeigen) (liest), las, hat gelesen
(주택광고를) 읽다

auf|geben (Anzeige zur Wohnungssuche) (gibt auf), gab auf, hat aufgegeben (주택광고를) 내다

- Man kann Wohnungsanzeigen im Internet oder in der Zeitung lesen oder selber eine Anzeige zur Wohnungssuche aufgeben.

  주택광고를 인터넷이나 신문에서 읽을 수 있고 혹은 집을 구한다는 광고를 스스로 낼 수 있다.

  * die Wohnungsanzeige, -n 주택광고

  * die Zeitung, -en 신문

---

an|rufen (Vermieter oder Makler), rief an, hat angerufen
(집주인이나 중개사에게) 전화하다

- Wenn man eine passende Anzeige findet und die Wohnungsbeschreibung einem gefällt, dann sollte man den Vermieter oder den Makler anrufen.

  알맞는 주택광고를 발견하고 집이 맘에 든다면 집주인이나 중개사에게 전화를 해야한다.

vereinbaren (Termin) (약속을) 잡다

die Wohnungsbesich-tigung, -en 집구경

• Man vereinbart entweder mit dem Vermieter oder mit dem Makler einen Termin zur Wohnungsbesichtigung.

집주인이나 부동산중개사와 집 구경을 위한 시간약속을 잡는다.

* der Termin, -e 시간 약속

* vereinbaren (Termin zur Wohnungsbesichtigung) (집 구경 시간약속을) 잡다

---

unterschreiben (Mietvertrag), unterschrieb, hat unterschrieben (임대계약서에) 사인하다

• Man unterschreibt mit dem Vermieter den Mietvertrag.

집주인과 함께 임대계약서에 사인한다.

---

bezahlen (Kaution und erste Miete) (보증금과 첫 집세를) 지불하다

• Man soll die Kaution und die erste Miete an den Vermieter bezahlen.

집주인에게 보증금과 첫 번째 집세를 지불해야 한다.

* die Miete, -n 집세

---

erhalten (Wohnungsschlüssel)(erhält), erhielt, hat erhalten (집 열쇠(들)을) 받는다

• Man erhält vom Vermieter die Wohnungsschlüssel.

집주인에게 집 열쇠(들)을 받는다.

* der Wohnungsschlüssel, - 집 열쇠

ein|ziehen (in die Wohnung), zog ein, ist eingezogen
(집으로) 이사 들어오다

- Man kann in die Wohnung einziehen.
  집으로 이사 들어올 수 있다.

---

sich (beim Einwohner Meldeamt) an(um)|melden
(전입담당관청에) (전입/이전)신고하다

- Innerhalb von 7 Tagen muss man sich dann beim zuständigen Einwohnermeldeamt an- oder ummelden. Sonst kann es sein, dass man Strafe bezahlen muss.
  (입주 후) 7일내에 해당 관청에 전입 혹은 이전 신고를 하여야 한다. 그렇지 않으면 벌금을 내야할 수 도 있다.

## 7-5 Telefongespräch
## 전화통화

- *Minji hat in der Wohnungsanzeige im Internet für sich und ihre Schwester eine passende Wohnung gefunden. Sie ruft den Vermieter an.*
  *민지는 주택광고에서 자신과 자신의 자매를 위한 집을 발견하고 집주인에게 전화한다.*

an|rufen, rief an, hat angerufen 전화하다
die Wohnungsanzeige, -n 주택광고

- Minji: Guten Tag, ich heiße Minji Kim und komme aus Korea. Ich rufe wegen Ihrer Wohnungsanzeige im Internet an. Ich möchte gern wissen, ob die Wohnung noch frei ist.
  (민지) 안녕하세요. 저는 한국에서 온 김민지입니다. 인터넷의 주택 광고를 보고 전화 드립니다. 아직 아파트가 비어있는지 알고 싶어요.

frei sein (die Wohnung) (집이) 비어 있다

- Vermieter: Ja, sie ist noch frei.
  (집주인) 네, 집이 아직 비어 있어요.

haben (Zimmer) (방을) 가지고 있다

- Minji: Können Sie mir sagen, wie groß die Wohnung ist und wie viele Zimmer sie hat?
  집 크기는 얼마나 되고 방은 몇 개가 되는지 말씀해주시겠어요?

die Küche, -n 부엌 | das Bad, ¨-er 목욕탕
der Balkon, -s 발코니

- Vermieter: Sie ist 62㎡ groß und hat zwei Zimmer, eine Küche, ein Bad und einen Balkon. Wie viele Personen wollen einziehen?

  집은 62 평방 미터이며 방 두 개, 부엌, 목욕탕 그리고 발코니가 있어요. 몇 명이 이사 들어올 것 인가요?

  * das Zimmer, - 방

(im Stockwerk) sein (~층에) 있다

- Minji: Ich und meine Schwester. In welchem Stockwerk ist die Wohnung?

  나와 내 자매요. 집이 몇 층에 있나요?

der Stock, ¨-e 층

- Vermieter: Im 2. Stock.

  2층에 (한국식으로는 3층)있습니다.

haben (gute Verkehrsanbindung) 교통편이 좋다

- Minji: Wo liegt die Wohnung? Es wäre schön, wenn sie eine gute Verkehrsanbindung hätte.

  집의 위치는요? 교통편이 좋다면 좋겠어요.

liegen (zentral) 중심지에 놓여있다

• Vermieter: Die Wohnung liegt zentral, ganz in der Nähe sind U-Bahn, Straßenbahn und Busse. Sie fahren alle 5 bis 7 Minuten.

집은 중심가에 있고요. 아주 가까운 곳에 지하철, 전차, 버스가 있어요. 매 5분에서 7분마다 차가 있어요.

| * der Bus, -se 버스 | * die Straßenbahn, -en 전차 |
|---|---|

die Einkaufsmöglichkeit, -en 쇼핑할 곳

• Minji: Das hört sich gut an.
Welche Einkaufsmöglichkeiten gibt es?

좋은 것 같습니다. 쇼핑할 곳은 있나요?

* sich an|hören ~인상을 주다, ~하게 들린다

Edeka, - 에데카 (수퍼마켓이름)

Tengelmann, - 텡겔만 (수퍼마켓이름)

• Vermieter: Verschiedene Supermärkte, z.B. Edeka, Tengelmann, Kaiser's.

에데카, 텡엘만, 카이저 등 여러 슈퍼마켓이 있어요.

hoch|sein (die Miete/Nebenkosten) (집세/관리비) ~이다

• Minji: Sehr schön. Wie hoch sind die Miete und die Nebenkosten?

정말 좋군요. 집세와 (물세 및 전기료를 포함한) 관리비가 얼마죠?

die Heizung, -en 난방 | das Wasser (Sg) 물

• Vermieter: Die Miete ist 470 Euro pro Monat. Dazu kommen Nebenkosten in Höhe von 50 Euro für Heizung und Wasser.

집세는 매달 470 유로입니다. 그리고 난방비와 수도비등 관리비로 50유로를 추가로 지불해야 합니다.

haben (Haustiere) (애완동물을) 가지고 있다

• Vermieter: Haben Sie Haustiere?

애완동물을 가지고 있나요?

* das Haustier, -e 애완동물

halten (Hund) (개를) 키우다 | der Hund, -e 개

• Minji: Ja, wir haben einen Hund. Dürfen wir einen Hund in der Wohnung halten ?

개 한 마리가 있어요. 키워도 될까요?

• Vermieter: Ja, das ist in Ordnung.

네, 키우셔도 됩니다.

die Kaution, -en 보증금

• Minji: Wunderbar! Und wie hoch ist die Kaution?

좋아요. 보증금은 얼마 인가요?

* wie hoch... 얼마나...

die Monatsmiete, -n  월세

• Vermieter: Die Kaution beträgt wie üblich zwei Monatsmieten.
  네, 통례상 두 달 월세입니다.

die Garage, -n  차고 | der Stellplatz, ¨-e  주차할 곳

• Minji: Gut. Gibt es eine Garage oder einen Stellplatz?
  좋습니다. 차고나 주차할 곳이 있나요?

parken (auf der Straße)  (길거리에) 주차하다

• Vermieter: Nein, leider nicht. Man muss auf der Straße parken.
  아니요, 없습니다. 길거리에 주차하여야 합니다.

frei sein  (집이) 비다

• Minji: Ab wann ist die Wohnung frei?
  언제부터 집이 비나요(입주해도 되나요)?

bezugsfertig  입주가능한 | renovieren  수리하다
der Einzug, ¨-e  입주

• Vermieter: Die Wohnung ist sofort bezugsfertig. Allerdings müsste sie vor dem Einzug renoviert werden.
  아파트가 당장 입주할 수 있습니다. 그러나 입주 전 수리해야만 합니다.

besichtigen (Wohnung) (집을) 구경하다

- Minji: Das klingt alles sehr interessant. Wann kann ich die Wohnung besichtigen?

  흥미가 가네요. 언제 집을 구경해도 되나요?

- Hätten Sie an diesem Samstagnachmittag Zeit?

  이번 토요일 오후에 시간이 있으신가요?

- Vermieter: Ja, das passt gut. Bitte kommen Sie am Samstag um 17 Uhr in die Goethestraße 20.

  예, 좋습니다. 토요일 17시에 괴테로 20번지로(주소) 오세요.

- Minji: Vielen Dank. Bis Samstag!

  감사합니다. 토요일에 뵈요!

* der Samstagnachmittag, -e 토요일 오후

## 7-6 Beim Renovieren vor dem Einzug
## 입주 전 집 수리

- *Vor dem Einzug renovieren Minji, ihre Schwester und ihre Freunde zusammen die Wohnung.*
  *민지와 민지의 자매 그리고 친구들은 입주전에 함께 집수리를 합니다.*

streichen (weiß), strich, hat gestrichen (하얗게) 색칠하다

- Die Wände sind dreckig. Minji und ihre Freunde wollen alle Wände weiß streichen.
  벽들이 지저분하여 민지와 친구들은 모든 벽을 하얗게 칠하려고 한다.

ab|decken (Boden) (바닥을) 덮다

- Vor dem Streichen sollten sie die Böden mit Folie abdecken.
  색칠하기 전에 모든 바닥을 비닐로 덮어야 한다.

* mit Folie 비닐로 * der Boden, ¨- 바닥

streichen (Wände), strich, hat gesrichen (벽을) 칠하다

- Danach können sie die Wände streichen.
  그 후에 벽을 칠할 수 있다.

ein|stauben 먼지투성이가 되다

• Während der Renovierung wurde die Wohnung eingestaubt.

보수 공사하는 동안 집이 먼지투성이가 되었다.

machen (sauber) (깨끗하게) 하다

• Bevor sie einziehen können, müssen sie die ganze Wohnung sauber machen: z.B. Bad und Küche und auch die Fenster wischen.

입주 전에 집을 깨끗하게 해야 한다. 예를 들어 목욕탕과 부엌 그리고 창문도 닦아야 한다.

# 08

## Freizeit und Hobby
## 여가시간과 취미

**8-1 Freizeitbeschäftigungen**
**여가활동**

**8-2 Vereine und Organisationen**
**클럽/단체/조합**

## 8-1 Freizeitbeschäftigungen
## 여가활동

angeln 낚시하다

• Herr Sieger geht angeln, wenn er allein sein möchte.

지거씨는 혼자 있고 싶을 때면, 낚시하러 간다.

* der Angelschein, -e 낚시면허증
(독일에서는 낚시를 하려면 면허증을 취득하여야 한다.)

arbeiten (im Garten) (정원에서) 일하다

• Hilfst du mir heute, im Garten zu arbeiten?

오늘 정원 일을 도와줄래?

* die Gartenarbeit, -en 정원일/정원 가꾸기

aus|gehen, ging aus, ist ausgegangen 외출하다

• Gehen wir heute Abend aus?

우리 오늘 저녁에 외출할까?

baden 해수욕하다 *baden은 목욕하다라는 뜻도 있다.

• Im Juli ist Badezeit, dann fahren viele Deutsche nach Italien ans Meer zum Baden.

7월은 해수욕시즌이다. 이 때 많은 독일 사람들이 이탈리아의 바닷가에 해수욕하러 간다.

basteln (취미로) 손으로 만들다, 공작하다

• Der Vater hat für seine Tochter ein Puppenhaus gebastelt.

아버지는 딸을 위해 인형집을 만들었다.

bergsteigen (nur Inf.) 등산하다 *(부정형으로만 사용)

• „Gehen wir morgen bergsteigen?"

우리 내일 등산갈까?

fahren (Rad) (fährt Rad), fuhr Rad, ist Rad gefahren
(자전거를) 타다

• Viele Deutsche fahren leidenschaflich gern Rad.

많은 독일인은 열정적으로 자전거 타기를 좋아한다.

> * das (Fahr-)Rad, ¨-er 자전거
>
> * gelangen 도착하다, 다다르다

fern|sehen (sieht fern), sah fern, hat ferngesehen TV보다

• Siehst du viel fern, und wenn ja, was?

TV를 많이 보니? 그렇다면 무엇을 시청하니?

fischen 물고기를 잡다

• Früher bin ich gerne mit einem Freund im Fluss fischen gegangen.

예전에 나는 친구랑 강에 물고기 잡으러 가는 것을 좋아했다.

fotografieren 사진찍다

• Er ist ein echter Tourist, er fotografiert wirklich alles.

그는 진짜 (전형적인) 관광객이야, 정말 모든 것을 다 찍고 있네.

grillen 그릴에 굽다

• Grillen wir morgen?

우리 내일 고기 구워먹을까?

hören (Musik) (음악을) 듣다

• Welche Musik hörst du gern?

너는 어떤 음악을 즐겨 듣니?

* außer 이외에, 제외하고

hören (das Radio) (라디오를) 듣다

• Die Leute hören immer weniger Radio und sehen immer mehr fern.

사람들은 라디오를 점점 덜 청취하고 TV를 더 시청한다.

kochen 요리하다

• Was kochst du gern?

너는 무슨 요리를 즐겨하니?

malen 색깔을 칠해 그리다

• Ich kann fast so gut malen wie Picasso.

나는 거의 피카소처럼 그림을 잘 그릴 수 있다.

meditieren über +A ~대해 명상하다, 참선하다

• Der Mönch meditiert über den Sinn des Lebens.

스님이 삶의 의미에 대해 참선을 한다.

* der Mönch, -e 승려, 수도사

* der Sinn, -e 의미, 생각

paddeln 노를 젓다

• Die Strömung war so stark, dass wir kräftig paddeln mussten, um zur Insel zu gelangen.

물살이 매우 강하여 우리들은 섬에 도착할 때까지 힘껏 노를 저어야만 했다.

* die Strömung, -en 물살, 흐름
* gelangen 도착하다, 다다르다

---

sammeln 모으다, 수집하다

• Ich sammle alte Münzen, ich habe schon über 2000 Stück!

나는 옛날 동전을 수집 한다. 벌써 2000개 이상을 가지고 있다!

* die Münze , -e 동전, 주화
* die Sammlung, -en 수집, 모음

---

schnitzen 조각하다, 새기다

• Mein Vater schnitzt gerne Holzfiguren.

나의 아버지는 나무조각을 즐겨 만드신다.

---

spazieren gehen, ging spazieren, ist spazieren gegangen
산책하다

• Du sitzt den ganzen Tag zu Hause rum. Geh doch mal spazieren!

너는 하루종일 집안에 콕 틀어 박혀만 있구나. 산책 좀 가렴!

* herum/sitzen 하는 일 없이 앉아있다, 앉아서 빈둥대다

treiben/machen (Sport), trieb, hat getrieben (운동을) 하다

• Sport machen(treiben) ist die liebste Freizeitbeschäftigung der deutschen Jugendlichen.

운동하는 것은 독일 청소년들이 가장 선호하는 여가활동이다.

* die Freizeitbeschäftigung, -en 여가활동

---

tanzen 춤추다

• Johann geht jeden Abend tanzen.

요한은 매일 밤 춤추러 간다.

---

treffen (den Freund) (trifft), traf, hat getroffen (친구를) 만나다

• In den Ferien fahre ich nach Hause und treffe meine Freunde aus der Schulzeit.

방학이면 나는 집에 가서 학창시절 친구들을 만난다.

* die Schulzeit (Sg) 학창시절, 수업시간

---

trinken gehen, ging trinken, ist trinken gegangen
한 잔 하러 가다

• Gehen wir noch etwas trinken, oder möchtest du lieber nach Hause?

우리 한 잔 더 하러 갈까? 아니면 집에 가고 싶니?

---

wandern 도보여행하다, 산행하다

• Am Sonntag wandere ich oft in den Alpen.

일요일에 나는 종종 알프스에서 산행한다.

* die Wanderumg. - en 도보여행
(야영과 함께하는 긴 Wanderung을 Trekking이라고도 한다.)

zeichnen (색 없이) 그림을 그리다, 스케치하다

- Ich zeichne gern Comics.

나는 만화를 자주 스케치한다.

**[ Was kann man in der Freizeit machen?* / 여가 시간에 뭘 하니?]**

** 아래 단어는 일반적으로 machen과 함께 쓰입니다.*

machen Musik 음악을 연주하다

- Beim Familientreffen macht die Familie zusammen immer Hausmusik.

가족모임에서 가족은 모두 항상 가정음악을 연주한다.

machen einen Ausflug 소풍을 가다

- Wohin wollen wir einen Ausflug machen?

우리 어디로 소풍 갈까?

machen/spielen Computerspiele 컴퓨터 게임을 하다

- Bernd sitzt den ganzen Tag am Computer und macht nur Computerspiele.

베른드는 하루종일 컴퓨터 앞에 앉아 게임만 해요.

machen einen Einkaufsbummel 쇼핑을 하다

- Heute geht Ina mit ihrer Freudin in die Stadt und macht einen Einkaufbummel.

이나는 오늘 여자친구랑 시내에 가서 쇼핑을 한다.

* der Einkaufbummel, - 쇼핑을 겸한 도심 산책

**machen** Fotos 사진을 찍다

• Bei schönem Wetter geht Markus in den Park und fotografiert Blumen und Vögel.
날씨가 좋을 때 마르쿠스는 공원에 가서 꽃들과 새들을 사진 찍는다.

* fotografieren 사진찍다

---

**machen/geben** eine Party 파티를 열다

• Studenten machen oft am Wochenende eine Party.
대학생들은 종종 주말에 파티를 연다.

* das Picknick, -s 파티

---

**machen** ein Picknick 피크닉을 하다

• Familie Maier macht heute im Park ein Picknick.
마이어씨 가족은 오늘 공원에서 피크닉을 해요.

* das Picknick, -s 피크닉

---

**machen** eine Wanderung 도보여행을 하다

• In den Ferien wollen wir eine Wanderung in den Bergen machen.
방학 때 우리는 등산을 하려고 해요.

* die Wanderung, -en 도보여행

**[ Was kann man in der Freizeit spielen?* / 여가 시간에 뭐하고 노니?]**

** 아래 단어는 일반적으로 spielen과 함께 쓰입니다.*

---

spielen am Computer 컴퓨터게임을 하다

- Jan spielt den ganzen Tag am Computer.

얀은 하루 종일 컴퓨터 게임을 한다.

---

spielen Karten 카드놀이를 하다

- Heute Abend wollen wir bei mir Karten spielen.

오늘 저녁 우리 집에서 카드놀이를 하려고 해요.

* die Karte, -en 카드

---

spielen Spiele 놀이를 하다

- Welche Spiele wollen wir spielen?

어느 놀이를 할까?

* das Spiel, -e 놀이, 게임

---

spielen Sportarten mit Ball 구기종목을 하다

- In meiner Freizeit spiele ich Squash.

여가시간에 나는 스쿼시를 한다.

* die Sportart, -en 스포츠경기종목 * das Squash (Sg) 스쿼시

---

spielen Theater 연극하다

- Ich möchte auf der Bühne stehen und Theater spielen.

난 무대 위에 서고 싶고 연극을 하고 싶어요.

* das Theater (Sg) 연극(공연), 연극계 * das Theater, - 극장 (건물)

[ **Was machst du in deiner Freizeit? / 여가 시간에 무엇을 하니?**]

ab|bauen 철거하다

- Die Camper wollen das Zelt abbauen.

  캠핑하는 사람들이 텐트를 철거하려고 한다.

ab|bauen (Stress) (스트레스를) 없애다

- Was machst du, um Stress abzubauen?

  스트레스를 해소하기 위해 너는 무엇을 하니?

  * der Stress , -e 스트레스

abonnieren 정기구독하다

- Haben Sie schon mal eine Zeitung abonniert?

  신문을 구독하신 적이 있으신가요?

  * das Abonnement, (약어 Abo)-s; 정기구독

  * der Abonnent- en (남성) 구독자

  * die Abonnentin, -nen (여성)구독자

ab|schalten 휴식하다, 쉬다

- Kein Telefon, kein Mobiltelefon, kein Stress – hier in meinem Schrebergarten kann ich mal so richtig abschalten.

  전화도 없고 핸드폰도 없고, 스트레스도 없고 – 이 곳 주말농장에서는 정말 제대로 쉴 수 있다.

ab|steigen, stieg ab, ist abgestiegen 내려오다

• Wir sind oben, am Gipfel des Berges! Nachher müssen wir wieder absteigen.

우리는 위에, 산의 정상에 있어요! 나중에 우리는 다시 내려가야 합니다.

* der Gipfel, - 꼭대기, 정상

auf|fordern 청하다

• Oh, war ich aufgeregt, sie hat mich aufgefordert, mit ihr zu tanzen!

오, 난 흥분했었지, 그녀가 나에게 함께 춤추자고 청했거든!

* aufgeregt 흥분된

auf|wenden für +A, wandte auf/wendete auf, hat aufgewandt/aufgewendet (시간이나 비용 등을) 소모하다, 필요하다

• Ich wende monatlich etwa 50 Euro für Bücher auf.

나는 매달 50유로 정도를 책 사는데 지출한다.

aus|machen 약속하다, 합의하다

• Wir haben ausgemacht, dass wir uns heute um acht treffen.

우리 오늘 8시에 만나기로 했어요.

sich aus|ruhen 쉬다

• Das war heute aber anstrengend, jetzt muss ich mich erst mal ausruhen.

오늘 정말 힘들었어. 나 지금 좀 쉬어야 해.

sich aus|ruhen von +D ~로 부터 쉬다

• Ich muss mich von der Arbeit erst einmal ausruhen.
난 우선 일을 제쳐놓고 좀 쉬어야겠어.

sich beschäftigen mit +D ~에 열중하다

• Sie beschäftigt sich viel mit Pferden.
그녀는 많은 시간을 말들과 함께 보낸다.

sich entspannen 휴식하다, 긴장을 풀다

• In meiner Freizeit entspanne ich mich bei schöner Musik.
나는 여가시간에 좋은 음악을 들으며 휴식을 취한다.

sich erholen von +D ~로 부터 휴식하다

• Am liebsten erhole ich mich an der frischen Luft.
나는 맑은 공기를 마시며 휴식을 취하는 것을 제일 좋아한다.

erleben 체험하다

• In einem Freizeitpark gibt es für Kinder viel zu erleben.
놀이공원에는 어린이들이 체험할 거리들이 많아요.

faulenzen 게으름피우다

• Heute habe ich nichts Besonderes gemacht, nur gefaulenzt.
오늘 나는 특별히 하는 일 없이 빈둥댔지.

frei haben (hat frei) 쉬다, 휴일이다

• **Dieser Mittwoch ist ein Feiertag, da haben wir frei.**

이번 수요일은 공휴일이고, 이 날 우리는 쉰다.

> * frei haben과 frei sein을 잘 구별하여야한다.
> frei haben은 (직장/학교 등)쉬다; frei sein은 자유롭다라는 뜻이다.

sich+D frei nehmen (nimmt sich frei), nahm sich frei, hat sich frei genommen 하루를 쉬다, 하루 휴가를 내다

• **Am Freitag nehme ich mir frei, dann habe ich ein langes Wochenende.**

금요일에 휴가를 낼거야, 그러면 긴 주말이 되지.

genießen, genoss, hat genossen 즐기다

• **Genieße deinen, freien Tag.**

휴가를 즐겨.

hassen 미워하다, 싫어하다

• **Ich hasse Montage, weil mir an Montagen das Arbeiten so schwer fällt.**

나는 월요일이 싫어. 월요일에는 일이 너무 힘들게 느껴지거든.

sich interessieren für +A ~에 흥미/관심을 가지다

• **Interessierst du dich für deutsche Literatur?**

독일 문학에 관심이 있니?

liegen, lag, hat gelegen 눕다

• Ich möchte am Wochenende am liebsten nur im Bett liegen.

나는 주말에 그냥 침대에 누워서 쉬었으면 제일 좋겠다.

mischen (Karten) (카드를) 섞다

• Wir können gleich anfangen zu spielen. Misch schon mal die Karten!

우리 바로 게임을 시작할 수 있어. 카드 먼저 섞어!

mit|singen, sang mit, hat mitgesungen 함께 노래 부르다

• Wenn ich im Radio Rock musik höre, singe ich immer mit, bei Jazz schalte ich aus.

라디오에서 락음악이 나오면 항상 나는 따라 부르지만 재즈는 그냥 꺼버리지.

* aus|schalten 끄다

pfeifen, pfiff, hat gepfiffen 휘파람을 분다

• Mein Freund kann eine schöne Melodie pfeifen.

내 친구는 아름다운 멜로디를 휘파람으로 불 수 있다.

philosophieren über +A ~에 대해 사색하다, 논하다

• Bei einem Glas Wein philosophierten sie die halbe Nacht über Gott und die Welt.

와인 한 잔을 마시면서 그들은 밤의 절반을 신과 세상에 대해 사색했다.

stellen (die Kamera) (카메라) 초점을 맞추다

• Es gelingt mir einfach nicht, die Kamera scharf zu stellen.
카메라의 초점을 정확히 맞추기가 힘드네요.

* jm gelingen 잘 되다, 성공하다

schwärmen für +A ~에 열광하다, ~에 빠져 있다

• In ihrer Jugend schwärmte sie für jeden zweiten Popstar.
젊은 시절에 그녀는 거의 모든 팝스타에 빠져 있었다.

schwören auf +A ~에 맹신하다, 무조건 신뢰하다

• Ich schwöre auf Aquarobic. So kann ich auch im Alter gesund bleiben.
나는 아쿠아로빅스를 무조건 믿어요. 이렇게 노년에도 건강을 유지 유지할 수 있어요.

begeistert sein von +D 열광하다

• Ob mir der Film gefällt? Was heißt „gefällt", ich bin begeistert von ihm!
이 영화가 마음에 드냐고? "마음에 드는" 정도가 아니라고, 난 감격했어!

interessiert sein an +D ~에 흥미를 가지고 있다

• Bist du denn gar nicht an klassischer Literatur interessiert?
너는 고전문학에는 전혀 관심이 없니?

verabredet sein 선약이 있다

- Hast du heute Zeit oder bist du schon verabredet?

 오늘 시간 있어? 아니면 이미 선약이 있니?

 * die Verabredung, -en (시간)약속

sprechen über +A/von +D ~에 대해 이야기하다

- Wir haben über den letzten Urlaub gesprochen.

 우리들은 저번 휴가에 대해 이야기했다.

überreden 설득하다, 권유하다

- Du hast nie zu etwas Lust! Zu allem muss ich dich überreden!

 너는 그 어떤 것에도 흥미가 없지! 무슨 일이든 너를 설득해야만 하다니!

überreden zu +D ~을 하도록 설득하다, 납득시키다

- Mit viel Mühe gelang es mir, ihn zum Kommen zu überreden.

 많은 노력으로 그가 오도록 설득하는데 성공했다.

 * gelingen, gelang, hat gelungen 성공하다, 잘 되다

sich verabreden 약속하다

- Heute Abend habe ich mich verabredet.

 오늘 저녁 나는 약속있어요.

jm sich verabreden mit ~와 약속하다

- Heute Abend habe ich mich mit meinem Freund verabredet.

 오늘 저녁 나는 남자친구와 데이트가 있다.

verbringen, verbrachte, hat verbracht 시간을 보내다

- Ich habe zwei wunderschöne Wochen in Hamburg verbracht.
  나는 아주 멋진 2주를 함부르크에서 보냈어요.

sich vergnügen 즐기다

- Wo kann ich mich denn in dieser Stadt vergnügen? Gibt es ein Studentenviertel?
  이 도시는 어디에서 즐길 수가 있나요? 대학로가 있나요?

verstehen von +D, verstand, hat verstanden (어느 분야에) 특별한 지식을 가지고 있다

- Verstehen Sie etwas von Musik?
  음악에 대해 좀 아세요?

**[ Wohin gehen wir heute? / 이제 우리 어디로 가지? ]**

| • *Heute geht Iris ...* | *오늘 이리스는...에 간다* |
|---|---|
| in (auf) die Ausstellung | 전시회에 |
| in die Bibliothek | 도서관에 |
| ins Café | 카페에 |
| in die Disco | 디스코에 |
| ins Einkaufszentrum | 쇼핑몰에 |
| in den Freizeitpark | 놀이공원에 |
| zu einem Freund (nach Hause);<br>zu einer Freundin (nach Hause);<br>zu Freunden (nach Hause) | 남자친구, 여자친구에게;<br>친구들에게 |

| | |
|---|---|
| ins Fitness-Studio | 헬스장에 |
| an den Fluss | 강가에 |
| in die Galerie | 갤러리에 |
| ins Kino | 극장에 |
| in die Kirche | 교회/성당에 |
| in die Kneipe | 술집에 |
| ins Konzert | 연주회에 |
| ans Meer | 바닷가로 |
| ins Museum | 박물관에 |
| in die Oper | 오페라에 |
| in den Park | 공원에 |
| auf die Party | 파티에 |
| ins Restaurant | 식당에 |
| ins Schwimmbad;Freibad | 수영장에; 야외수영장에 |
| auf den Sportplatz | 운동장에 |
| ins Stadion | 운동 경기장에 |
| in die Stadt | 시내에 |
| an den Strand | 바닷가, 해변 |
| ins Theater | 연극 보러 |
| in den Wald | 숲에 |
| in den Zoo | 동물원에 |

**[ Fernsehprogramme / 프로그램 ]**

| | |
|---|---|
| der Dokumentarfilm, -e | 다큐멘터리 영화 |
| die Fernsehserie, -n | 드라마 |
| die Fernsehwerbung, -en | TV광고 |

| | |
|---|---|
| das Kinderprogramm, -e | 어린이 프로그램 |
| der Krimi, -s<br>(der Kriminalfilm, -e) | 추리영화 |
| die Live-Sendung, -en | 생방송 |
| die Nachrichten (Pl) | 뉴스 |
| die Serie, -n | 시리즈 물 |
| die Sportsendung, -en | 스포츠 프로그램 |
| der Spielfilm, -e | 영화 |
| die Talkshow, -s | 토크쇼 |
| das Unterhaltungsprogramm, -e | 오락 프로그램 |
| die Werbung, -en | 광고방송 |
| der Zeichentrickfilm, -e<br>(die Animation, -en) | 만화영화 |

**[ Gehen wir heute ins Kino/Theater / 우리 오늘 영화관/극장에 갈까?]**

auf|führen 공연하다

- Wann wird das Theaterstück aufgeführt?
  그 연극은 언제 공연되니?

besuchen (die Ausstellung) (전시회에) 가다, 방문하다

- Am Wochenende will ich eine Kunstausstellung besuchen.
  주말에 나는 미술전시회에 가려고 해.

laufen (der Film) (영화가) 상영되다

- Zur Zeit laufen einige gute Filme.
  요즘 몇몇 좋은 영화들이 상영되고 있다.

spielen (im Film) (영화에서) 연기하다/출연하다

• Wer spielt in diesem Film?

누가 이 영화에 출연하니?

spielen (die Hauptrolle/die Nebenrolle)
(주연으로/조연으로) 출연하다

• Esther spielt die Hauptrolle und ihre kleine Schwester die Nebenrolle.

에스터는 주연이고, 그녀의 여동생은 조연으로 출연해요.

* der Schauspieler, - (남성) 배우 * die Schauspielerin, -nen (여성) 배우

synchronisieren 더빙하다

• Alle amerikanischen Kinofilme werden in Deutschland synchronisiert. Untertitel mögen die Deutschen nicht.

모든 미국영화는 독일에서 더빙된다. 독일인들은 자막을 좋아하지 않는다.

* der Untertitel,- 자막

## 8-2 Vereine und Organisationen
## 클럽/단체/조합

**[ In welchem Verein bist du? / 어느 동호회에 있니?]**

auf|nehmen (neue Mitglieder) (nimmt auf), nahm auf, hat aufgenommen (새 회원을) 받다

• Im Sommer will der Verein wieder neue Mitglieder aufnehmen.

클럽은 여름에 새 회원을 받아주기로 했어요.

* das Mitglied, -er 회원

aus|treten aus +D (tritt aus), trat aus, ist ausgetreten
(~에서) 탈퇴하다

• Tanja ist aus dem Tennisverein ausgetreten, weil der Mitgliedsbeitrag erhöht worden ist.

탄야는 테니스클럽에서 탈퇴했어요. 왜냐면 회비를 올렸거든요.

* der Mitgliedsbeitrag, ¨e 회비 * erhöhen 올리다

bezahlen (den Mitgliedsbeitrag) (회비를) 내다, 지급하다

• Alle drei Monate muss man den Mitgliedsbeitrag bezahlen.

3개월마다 회비를 내야해요.

ein|treten in +A (tritt ein), trat ein, ist eingetreten ~에 가입하다

• Wann ist Tom in den Verein eingetreten?

톰은 언제 클럽에 가입했니?

entbinden von +D, entband, hat entbunden
~에서 면책하다, 해방하다

• Die Vorstände des Vereins wurde von seinen Pflichten entbunden.

그 협회의 이사진은 의무로부터 면책되었어요.

* der Vorstand 이사진

haben (Mitglieder) (회원이) 있다

• Dieser Verein hat viele Mitglieder.

이 클럽은 회원이 많아요.

* das Mitglied,-er 회원

kündigen (Mitgliedschaft) (회원증) 탈퇴하다

• Ich habe meine Mitgliedschaft bei diesem Verein gekündigt.

나는 이 클럽에서 탈퇴하였어요.

* die Mitgliedschaft, en 클럽의 회원, 회원증

# 09

# Mode und Aussehen
## 패션과 외모

9-1 **Kleiderkauf**
**옷구입**

9-2 **Traumfrau und Traummann**
**이상형**

9-3 **Nähen**
**바느질**

Sonder-angebote!
Sale!
bis 70% reduziert
bis 70% reduziert
70%까지 할인
der Hut, ¨e
챙있는 모자
der Schal,-s
목도리, 숄
das Kleidungsstück, -e
옷, 의류
die Kette,-n
목걸이
die Handtasche
가방/핸드백
die Mütze,-n
모자
der Rock, ¨e
치마
der Pullover,-
스웨터

die Bluse,-en
블라우스
das T-Shirt,-s
티셔츠
der Blazer,-
정장용 상의
der Schuh,-e
신, 구두
der Anzug,¨e
정장
die Jacke,-n
재킷
das Kleid,-er
원피스
das Hemd,-en
셔츠, 내의
der Ring,-e
반지
der Schmuck (Pl)
장신구
der Armband,¨er
팔찌

| • *Das Kleidungsstück ist* | *옷(의류)이* |
|---|---|
| elegant | 멋지다 |
| eng | 끼다 |
| gemustert | 무늬가 있는 |
| gestreift | 줄무늬가 있는 |
| groß | 크다 |
| hübsch | 예쁘다 |
| klein | 작다 |
| kurz | 짧다 |
| lang | 길다 |
| schön | 아름답다 |
| weit | 넓다 |

| • *Das Kleidungsstück hat* | *옷(의류)이* |
|---|---|
| Blumenmuster | 꽃무늬가 있다 |
| Punkte | 물방울 무늬가 있다 |
| Streifen | 줄무늬가 있다 |

## 9-1 Kleiderkauf
## 옷구입

sich an|fühlen 촉감이 ~이다

- Der Pullover ist ganz weich und kuschelig. Er fühlt sich wie Kaschmir an.

풀오버(니트)가 아주 부드럽고 포근해. 촉감이 캐시미어 같다.

an|passen +D ~에 맞추다

- Du musst die Kleidung der Jahreszeit anpassen.

너는 계절에 맞게 옷을 (맞춰) 입어야한다.

> * die Kleidung은 집합명사임으로 복수형이 없다. 사전에 실린 복수형 die Kleidungen은 사용하지 않는다.

an|probieren 입어보다

- Ein schönes Kleid, oder? Probieren Sie es doch mal an! Der Umkleidekabine ist dort.

예쁜 원피스예요. 그렇지요? 입어보세요! 옷 입어보는 곳은 저쪽에 있어요.

(sich D ) etw an|ziehen, zog an, hat angezogen (일정한 옷을) 입다

- Was ziehst du zum Fest an?

너는 축제에 무슨 옷을 입을 거니?

entfernen 지우다, 없애다

- Bitte entfernen Sie die Flecken auf der Hose!
  바지에 있는 얼룩을 없애주세요!

haben (Größe) (치수) 이다

- Welche Größe haben Sie? 치수가 어떻게 되세요?
- Ich habe (Größe) 40. 40이에요.

haben in (Farbe) (색깔로) 있다

- Haben Sie den Rock auch in Rot?
  이 치마가 빨간색으로도 있나요?

sich kleiden in + A ~으로 입다

- Sie kleidet sich immer in Schwarz.
  그녀는 늘 검은 옷을 입어요.

kombinieren 조합하다, 맞추다

- Welche Bluse kann man mit dem Rock kombinieren?
  어느 블라우스를 이 치마와 맞출 수 있을까?

kosten 값이 나가다

- Was kosten diese Schuhe?
  이 구두는 얼마해요?

kürzen (길이를) 줄이다

- Der Rock ist viel zu lang. Ich will ihn kürzen.
  치마가 너무 길어요. 줄이려고 해요.

liefern in +A (Straße) ~으로 배달하다

• **Liefern Sie die Kleider bitte in die Königstraße 7.**
옷들을 쾨니히가 7번지에 배달해 주세요.

liefern an +A (Adresse/Firma) (어느 주소/회사)로 배달하다

• **Wir liefern die Kleider kostenlos an Ihre Privatadresse.**
옷들을 집 주소로 무료 배송해드립니다.

liefern zu +D (Kunden) (고객에게) 배달하다

• **Wir liefern die Kleider direkt zum Kunden.**
우리는 옷들을 고객에게 직접 배달해요.

* der Kunde, -n (남성) 고객
* die Kundin, -nen (여성) 고객

jm passen (옷/신발) 사이즈가 맞다

• **In Korea passen mir keine Hemden: Die Ärmel sind stets zu kurz!**
한국에서는 그 어떤 셔츠도 나에게 맞지 않는다: 소매가 항상 너무 짧다!

* der Ärmel, - 소매

passen zu +D ~에 어울리다

• **Die Krawatte passt sehr gut zu dem Hemd!**
이 넥타이가 와이셔츠에 아주 잘 어울린다!

jm stehen, stand, hat gestanden ~에게 어울리다

- Dein Hemd steht dir gut!

셔츠가 네게 잘 어울려!

suchen nach +D ~을 찾다, 찾으러 다니다

- Den ganzen Tag habe ich nach einem roten Kleid gesucht. Aber ich habe nichts Passendes gefunden.

전 하루 종일 빨간 원피스를 찾으러 다녔어요. 그러나 알맞은 옷을 못 찾았어요.

tauschen gegen +A ~로 바꾸다

- Kann ich dieses blaue Kleid gegen ein grünes tauschen?

제가 이 파란 옷을 초록색 옷으로 바꿔도 될까요?

tragen (trägt), trug, hat getragen
(옷을/신을/모자를) 입고/신고/쓰고 있다

- Die Schauspielerin trug heute ein sehr teures Kleid, sehr teure Schuhe und einen lächerlichen Hut.

여배우는 오늘 아주 비싼 원피스를 입고, 아주 비싼 구두를 신고, 우스꽝스러운 모자를 쓰고 있었어요.

um|tauschen 교환하다

- Wenn Sie Kleidung über ein Versandhaus bestellt haben, können Sie sie jederzeit umtauschen – sogar kostenlos.

만약 통신판매회사를 통하여 옷을 사셨다면 아무 때나 교환 가능합니다 - 그것도 무료로!

sich um|ziehen, zog sich um, hat sich umgezogen
옷을 갈아입다

• Warte einen Moment! Ich ziehe mich schnell um!

잠깐만 기다려! 나 빨리 옷 좀 갈아입을게!

verlängern 길이를 늘리다

• Der Rock ist zu kurz! Du musst ihn verlängern lassen.

치마가 너무 짧아! 길이를 늘려 달라고 해.

verlängern um +A (길이를) 늘리다

• Der Rock ist mir zu kurz. Kann man ihn um 2cm verlängern?

치마가 너무 짧아요. 길이를 2cm 늘려주실 수 있나요?

weiten 늘리다

• Die Schuhe sind ziemlich eng. Kann man sie weiten?

신발이 너무 끼어요. 늘릴 수 있을까요?

## 9-2 Traumfrau und Traummann
## 이상형

**[ Wie sieht deine Traumfrau/dien Traummann aus? / 네 이상형은 어떻게 생겼니?]**

---

an|haben 옷을 입고 있다

- Siehst du den Mann dort, der einen gestreiften Anzug anhat?
  저기 줄무늬 양복을 입은 남자가 보이니?

---

aus|sehen (sieht aus), sah aus, hat ausgesehen 보이다

- Deine neue Frisur ist toll! Du siehst jetzt noch besser aus!
  네 새 헤어스타일이 짱이야! 지금이 더 멋져 보여!

- Er sieht gut aus.
  그는 잘생겼다.

---

aus|sehen mit +D (sieht aus), sah aus, hat ausgesehen
~으로 보이다

- Mit deiner neuen Frisur siehst du viel besser aus!
  너는 새 헤어스타일로 인해 훨씬 더 멋져 보여!

---

sich an|ziehen, zog sich an, hat sich angezogen 옷을 입다

- Zieh dich an, wir gehen gleich los!
  옷을 입어라, 우리는 곧 출발할거야!

sich auf|setzen ~을 쓰다

• An einem kalten Tag sollten Sie Ihrem Kind eine Mütze aufsetzen.
추운 날에는 아이에게 모자를 씌우세요.

sich aus|ziehen, zog sich aus, hat sich ausgezogen 옷을 벗다

• Sie zog sich schnell aus und ging unter die Dusche.
그녀는 재빨리 옷을 벗고 샤워하러 갔다.

beurteilen nach +D ~로 판단하다

• Viele Menschen beurteilen andere nach dem Aussehen.
많은 사람들이 다른 사람들을 외모로 판단한다.

sich (D) ein|bilden etw auf +A ~에 대해 좀 자만심이 있다, 잘난 체하다

• Sie bildet sich ordentlich was ein auf ihr Aussehen!
그녀는 자신의 외모에 대단한 자만심을 가지고 있다!

* was는 et was의 줄인 표현이다. 회화체에서는 was를 더 많이 사용하고 있다.

haben (Adj+Körperteile) (~한 신체부위를) 가지고 있다

• Mein Opa hat einen dicken Bauch.

나의 할아버지는 배가 뚱뚱해요.

• Peter hat eine große Nase.

피터는 코가 커요.

haben (Adj+Figur) (~ 한 몸매를) 가지고 있다

• Anja hat eine traumhafte Figur.

안냐는 몸매가 너무 예뻐요.

* die Figur (Sg) 몸매

* traumhaft 꿈만 같은, 환상적인, 이상적인

sein (dick/dünn/groß/klein/schlank) (뚱뚱한/마른/큰/작은/날씬한) 이다

• Models sind sehr schlank.

모델들은 아주 날씬하다.

**[ Spieglein, Spieglein an der Wand: Sag mir, wer ist die schönste im Land? / [ 벽에 걸린 거울아, 거울아, 말해 다오, 누가 이 나라에서 제일 예쁜지? ]**

jm auf|setzen (eine Brille) (안경을) 쓰다

- Im Sommer sollte man sich eine Sonnenbrille aufsetzen.
  여름에는 선글라스를 쓰는 것이 좋아요.

  * die Brille, -n 안경

auf|tragen (Creme/Lippenstift) (trägt auf), trug auf, hat aufgetragen (크림/립스틱)을 바르다

- Wenn man sich in die Sonne legen will, sollte man sich vorher Sonnencreme auftragen.
  일광욕을 하려면 그 전에 선크림을 바르는 것이 좋아요.

  * die Creme, -s 크림 * der Lippenstift, -e 립스틱

benutzen (ein Haarspray/einen Lippenstift) (헤어 스프레이/립스틱) 사용하다

- Für ihre Frisur benutzt sie ein Haarspray.
  그녀는 헤어스타일을 위해 헤어 스프레이를 사용해요.

  * der/das Haarspray, -s 스프레이

frisieren (Haare) 머리를 손질하다

- Du hast deine Haare sehr schön frisiert!
  네 머리를 예쁘게 했구나!

gehen (zum Fitnesstraining), ging, ist gegangen (헬스) 가다

- Sandra geht jeden Tag zum Fitnesstraining, damit sie schlank bleibt.

  산드라는 날씬한 몸매를 유지하기 위하여 매일 헬스장에 간다.

  * das Fitnesstraining, -s 체력훈련

haben (Tattoos) (문신) 있다

- Mein Kollege hat Tattoos an den beiden Armen.

  내 동료는 양쪽 팔에 문신이 있다.

  * der/das Tattoo, -s 문신

sich schminken 화장하다

- Heutzutage schminken sich auch viele Männer.

  요즘에는 남자들도 많이 화장을 한다.

tragen (Piercings / Schmuck) (trägt), trug, hat getragen
(피어싱/장신구) 하고 있다

- In Korea dürfen Schüler keine Piercings tragen.

  한국에서 학생들은 피어싱을 하면 안 돼요.

  * das Piercing, -s 피어싱
  * der Schmuck (Pl) 장신구

## 9-3 Nähen
## 바느질

ändern an +D ~을 수선하다

• Ich werde das Hochzeitskleid meiner Großmutter ändern lassen und es auf meiner Hochzeit tragen.
나는 할머니 웨딩드레스(신부복)를 수선해서 내 결혼식에 입을 거야.

an|nähen 바느질하여 달다

• Der Knopf ist ab. Ich muss ihn wieder annähen.
단추가 떨어졌어. 난 단추를 다시 달아야 해요.

häkeln 코바늘로 뜨개질하다

• Früher hat meine Mutter alle Söckchen für meine Kinder gehäkelt. Ich musste sie nie kaufen.
예전에 엄마가 우리 아이들의 위해서 양말은 다 코바늘로 뜨개질해 주었어요. 양말은 살 필요가 없었어요.

* die Häkelnadel, -n 코바늘
* Söckchen는 Socke의 축소형태이다.

maßschneidern 재단하다

• Herr Schön lässt sich seinen Anzug immer bei einem Designer maßschneidern.
숀씨는 자신의 정장을 언제나 한 디자이너에게 맞춘다.

nähen 옷을 짓다, 바느질하다, 꿰매다

• Mein Opa war Schneider. Früher hat er mir immer aus den Stoffresten hübsche Taschentücher genäht.

할아버지는 재봉사였어요. 예전에는 남은 천으로 늘 예쁜 손수건을 만들어주셨어요.

---

nähen an +A ~에 바느질하여 달다

• Gisela näht einen Knopf an das Hemd.

기젤라는 단추를 셔츠에 달아요.

---

schneidern 재단하다

• Ich möchte mein Brautkleid schneidern lassen. Ich möchte kein Konfektionskleid.

난 웨딩 드레스를 맞추고 싶어요. 기성복은 싫어요.

---

stopfen 짜깁기하다

• Meine Hose hat ein Loch. Ich muss das Loch stopfen.

바지에 구멍이 났어요. 구멍을 짜깁기해야 해요.

---

stricken (뜨개바늘로) 짜다, 뜨개질하다

• Zum Geburtstag meines Freundes will ich einen Schal stricken.

난 친구생일에 목도리를 짜려고 해요.

* die Stricknadel, -n 뜨개바늘

# 10

## Sport
## 스포츠

10-1 **Olympische Sportarten**
경기 종목

10-2 **Sport treiben**
운동하기

10-3 **Extremsport**
극한 (익스트림) 스포츠

10-4 **Leistungssport**
기록향상을 목적으로 한 운동

## 10-1 Olympische Sportarten
## 올림픽 경기 종목

| | |
|---|---|
| das Doping (Sg) | 금지약물복용, 도핑 |
| die Fairness (Sg) | 페어플레이 |
| das Foul, -s | 반칙 |
| die Leistung, -en | 성과 |
| der Leistungssport (Sg) | 기록향상을 전문적으로 하는 스포츠 |
| der Leistungssportler,- | 기록향상을 목표로 하는 운동 선수 |
| die Mannschaft, -en | 경기팀 |
| der Massensport (Sg) | 대중스포츠 |
| die Medaille, -n | 메달 |
| die Meisterschaft, -en | 선수권, 우승 |
| die olympischen Spiele (Pl) | 올림픽 경기 |
| der Pokal, -e | 우승배 |
| der Rekord, -e | 최고기록 |
| der Schiedsrichter, - | 심판 |
| das Spiel, -e | 경기 |
| die Spielregeln (Pl) | 규정/규칙 |
| der Spielstand, ¨e | 점수/득점 현황 |
| der Sportler, - | 운동선수 |
| die Sportart, -en | 운동종목 |
| das Sportgerät, -e | 스포츠 용구 |

| | |
|---|---|
| der Sportmediziner, - | 스포츠 의학자 |
| das Stadion, Stadien | 경기장 |
| der Trainer, - | 트레이너 |
| das Training, -s | 트레이닝 |
| der Wassersport (Sg) | 수상 스포츠 |
| der Wettkampf, ¨e | 시합, 경기 |
| der Wintersport (Sg) | 겨울 스포츠 |

**[Olympischen Spiele / 올림픽 경기]**

| | |
|---|---|
| das Badminton | 배드민턴 |
| der Baseball | 야구 |
| der Basketball | 농구 |
| der Beachvolleyball | 비치발리볼 |
| das Bogenschießen | 양궁 |
| das Boxen | 복싱 |
| der Dreikampf | 철인 3종 경기, 트라이애슬론 |
| das Fechten | 펜싱 |
| der Fußball | 축구 |
| das Geräteturnen | 체조 |
| das Gewichtheben | 역도 |
| der Handball | 핸드볼 |
| das Hockey | 하키 |
| das Judo | 유도 |
| das Kanu(Flachwasser/Wildwasser) | 카누(슬라럼/와일드워터) |
| die Leichtathletik | 육상 |

| | |
|---|---|
| der Modermer Fünfkampf | 근대 5종 경기 |
| der Radsport | 사이클 |
| das Reiten | 승마 |
| die Rhythmische Sportgymnastik | 리듬체조 |
| das Ringen | 레슬링 |
| das Rudern | 조정 |
| das Sportschießen | 사격 |
| das Schwimmen | 수영 |
| das Segeln | 요트 |
| der Softball | 소프트볼 |
| das Synchronschwimmen | 싱크로나이즈 |
| das Taekwondo | 태권도 |
| das Tennis | 테니스 |
| das Tischtennis | 탁구 |
| das Trampolinturnen | 트램펄린 경기 |
| der Volleyball | 배구 |
| der Wasserball | 수구 |
| das Wasserspringen | 다이빙 |

## 10-2 Sport treiben
## 운동하기

ab|härten 단련하다

• Er härtet seinen Körper ab.
그는 자신의 몸을 단련시켜요.

aus|atmen 숨을 내쉬다

• Beim Schwimmen musst du zum richtigen Zeitpunkt ein- und ausatmen.
수영할 때 적시에 숨을 들이 마시고 내뱉어야 해요.

sich bewegen 자신을 움직이다

• Sitz nicht so viel rum! Beweg dich mal!
너무 앉아만 있지마! 좀 움직여!

ein|atmen 숨을 들이 마시다

• Beim Jogging sollte man schön tief einatmen und langsam ausatmen.
조깅할 때에 숨을 크게 들이 마시고 천천히 숨을 내뱉어야 해요.

gehen (ins Fitnessstudio), ging, ist gegangen (헬스장)에 가다

• Boris geht jeden Tag ins Fitnessstudio.
보리스는 매일 헬스장에 가요.

* das Fitnessstudio,-s/das Fitnesscenter,-/das Fitnesszentrum, -zentren
헬스장

joggen 조깅하다

• Jeden Morgen joggt Hans im Park.
한스는 매일 아침 공원에서 조깅을 해요.

fahren Rad/Fahrrad (fährt Rad), fuhr Rad, ist Rad gefahren
자전거 타다

• In Münster kann man gut Rad fahren, denn es gibt in der ganzen Stadt Radwege.
뮌스터에서는 전 시내에 자전거 길이 있어 자전거를 타고 다니기가 좋아요.

* der Radweg, -e 자전거 (전용) 도로

reagieren 반응을 보이다, 응답하다

• Wer Tennis spielt, muss schnell reagieren können.
테니스를 치는 사람은 빨리 반응할 수 있어야 해요.

reiten 승마하다

• Seit ihrer Kindheit reitet Miriam. Sie liebt Pferde.
미리암은 어린 시절 부터 승마를 했다. 그녀는 말을 사랑한다.

* das Pferd, -e 말

rennen, rannte, ist gerannt 달리다

• Bodybuilder können schlecht rennen.
보디빌더들은 잘 뛰지 못해요.

rudern 노를 젓다

• Manchmal rudere ich mit meinem kleinen Ruderboot auf dem Bodensee.
나는 이따금 보덴제에서 나의 작은 보트를 타고 노를 저어요.

* 보덴 호 (Bodensee)는 독일, 오스트리아, 스위스 세 나라에 걸쳐 있는 호수이다.

segeln 범주하다, 항해하다

• Auf der "Kieler Woche" segeln viele Segelboote in der Kieler Förde.

"킬(도시)의 주"라 부르는 축제 중에 많은 요트들이 킬의 협만에서 항해해요.

spielen (Ball) (공놀이)하다

• Kleine Kinder wollen immer Ball spielen.

어린 아이들은 항상 공놀이를 하려고 해요.

* der Ball, ¨e 공

treiben/machen Sport, trieb Sport, hat Sport getrieben
운동을 하다

• Anna treibt viel Sport, um fit zu bleiben.

안나는 좋은 컨디션(건강)을 유지하기 위하여 운동을 많이 한다.

trainieren 단련하다, 훈련하다

• Ich möchte mehr Muskeln bekommen, aber ich bin viel zu faul, jeden Tag zu trainieren.

나는 근육을 좀 더 만들고 싶은데, 매일 운동하기엔 내가 너무 게을러요.

surfen 서핑하다

• Im Winter fahre ich Ski und im Sommer gehe ich surfen.

겨울에는 스키타고, 여름에는 서핑하러 가요.

## 10-3 Extremsport
## 극한 (익스트림) 스포츠

**[ Ich brauche Nervenkitzel! / 난 스릴이 필요해요!]**

| | |
|---|---|
| das Base-Jumping (Sg) | 베이스 점핑 |
| das Bungee-Jumping (Sg) | 번지 점프 |
| das Canyoning (Sg) | 협곡타기 |
| das Drachenfliegen(Sg) | 글라이더 |
| das Fallschirmspringen (Sg) | 패러슈팅 |
| das Freiklettern (Sg) | 자유등반 |
| das Mountainbiken/<br>das Mountainbiking (Sg) | 산악자전거타기 |

ab|bauen (den Stress) (스트레스를) 해소하다

- Beim Extremsport kann man den Stress abbauen.

  익스트림 스포츠(위험을 동반한 스포츠)를 하면서 스트레스를 해소할 수 있어요.

an|halten (den Atem) (hält an), hielt an, hat angehalten
(숨을) 멈추다/죽이다

- Schon nur beim Anschauen muss ich den Atem anhalten.

  보기만 해도 숨이 막혀요.

aus|brechen (aus dem Alltag) (bricht aus), brach aus, ist ausgebrochen (일상생활에서) 벗어나다

- Anja macht Extremsport, um aus dem Alltag auszubrechen.
  안냐는 일상생활에서 벗어나기 위하여 익스트림 스포츠를 해요.

erleben (ein Abenteuer) 모험을 체험하다

- Menschen machen Extremsport, um ein Abenteuer zu erleben.
  사람들은 모험을 체험하기 위하여 익스트림 스포츠를 해요.

fliehen (aus dem Alltag), floh, ist geflohen
(일상생활에서) 도피하다

- Junge Menschen machen Extremsport, um aus dem Alltag zu fliehen.
  젊은 사람들은 일상생활에서 벗어나기 위하여 익스트림 스포츠를 해요.

gedopt sein (gedopt) 약물 복용을 한 상태이다

- Der Sportler hatte ein verbotenes Mittel genommen, er war gedopt.
  그 운동선수가 금지된 약물을 복용했다. 그는 도핑을 했다.

spüren (den Nervenkitzel/den Kick) (스릴을) 느끼다

- Viele Leute machen Extremsport, um den absoluten Nervenkitzel zu spüren
  많은 사람들은 극적인 스릴을 느끼기 위해 익스트림 스포츠를 해요.

sich stellen (der Herausforderung) (도전에) 응하다

- Extremsportler wollen sich einer gefährlichen Herausforderung stellen.
  익스트림 스포츠를 하는 사람은 위험한 것에 도전해보고 싶어해요.

## 10-4 Leistungssport
## 기록향상을 목적으로 한 운동

**[Katja möchte eine Medaille gewinnen! / 카티야는 메달을 따고 싶어요!]**

---

ab|steigen, stieg ab, ist abgestiegen (순위에서) 탈락하다

- In der letzten Saison wäre der HSV fast abgestiegen.

  지난 시즌에 함부르크 축구팀인 HSV(Hamburger Sport-Verein)가 거의 탈락할 뻔했다.

---

anfeuern 격려하다, 응원하다

- Die Fans haben ihre Mannschaft mit einem Lied angefeuert.

  팬들은 노래를 부르면서 자신의 팀을 응원하였다.

---

auf|stellen (neuen Rekord) (신기록을) 세우다

- Sie ist 25km geschwommen und hat damit einen neuen Rekord aufgestellt.

  그녀는 25km 수영을 했다. 그것으로 신기록을 세웠다.

  * der Rekord, -e 기록

aus|wechseln (den Spieler oder die Spielerin)
((남성/여성) 선수를) 교체하다

• Der Trainer hat in der Halbzeit zwei Spieler ausgewechselt.
트레이너는 하프타임에 선수 2명을 교체하였다.

---

beachten (Regeln) (규칙)을 지키다

• Bei jedem Spiel muss man die Regeln beachten.
경기마다 규칙을 지켜야 해요.

* die Regel, -n 규칙

---

beeinträchtigt sein durch +A ~으로 인하여 제한/제약이 있다, 방해 받고 있다

• Der Sportler war noch etwas durch seine Verletzung beeinträchtigt.
운동선수는 부상으로 인해 약간의 (활동에) 제약이 있었다.

---

beginnen, begann, hat begonnen 시작하다

• Der Schiedsrichter pfeift, das Spiel beginnt.
심판은 호루라기를 불고, 게임이 시작된다.

---

brechen (den Rekord)(bricht), brach, hat gebrochen
(기록을) 깨다

• Der Sportler trainiert Tag und Nacht, um den Rekord zu brechen!
운동선수는 기록을 깨기 위하여 밤낮으로 트레이닝을 해요!

disqualifizieren ~을 실격시키다

• Der Sportler wurde disqualifiziert, weil er mitten im Spiel seinen Gegenspieler angegriffen hat.
운동선수는 경기중에 상대팀 선수를 공격했기 때문에 실격 당했다.

sich disqualifizieren 실격하다

• Der Sportler hat sich disqualifiziert, weil er auf seinen Gegenspieler heftig geschimpft hat.
운동선수는 상대방 선수에게 욕을 퍼부어 실격했다.

foulen 반칙을 하다

• Beim letzten Fußballspiel hat er absichtlich gefoult.
그는 지난 경기에 의도적으로 반칙을 했다.

gewinnen, gewann, hat gewonnen 이기다

• Unsere Mannschaft hat das Spiel gewonnen.
우리 팀이 경기를 이겼어요.

halten (den Rekord) (hält), hielt, hat gehalten (기록을) 지키다

• Er hält den Rekord im Hamburger-Essen: 27 Big Macs in 18 Minuten.
그는 햄버거 먹기 대회에서 그의 신기록을 지킨다. 18분만에 빅맥 27개를 먹어치운다.

jubeln über +A ~에 대해 환호하다

- Die Fans jubeln über den Aufstieg des 1. FC St. Pauli in die 1. Bundesliga.
  팬들은 FC St. Pauli(축구팀)가 분데스리가(독일프로축구 리그) 1부로 진출한 것을 환호한다.

kollabieren 쇠약해지다, 탈진하다, 쓰러지다

- Die Marathonläuferin ist am Ende kollabiert.
  여성 마라톤선수가 마지막에 주저앉고 말았다.

konkurrieren mit +D ~와 경쟁하다, 경합하다

- Die Mannschaft X konkurriert heftig mit der Mannschaft Y.
  X 팀은 Y 팀과 격렬하게 경쟁한다.

sich qualifizieren für +A ~에 대한 자격/권한을 얻다

- Die Fußballmannschaft hat sich für das Finale qualifiziert.
  축구팀이 결승전에 진출할 자격을 얻었다.

rollen 구르다

- Das war kein großartiges Tor. Der Ball rollte langsam, aber unaufhaltsam zwischen die Pfosten.
  그것은 정말 멋진 골은 아니었다. 공이 천천히, 그러나 멈추지 않고 골대 사이로 굴러들어갔다.

schlagen (schlägt), schlug, hat geschlagen 이기다

- Der SC Freiburg hat Bayern München mit 3:1 geschlagen.
  SC 프라이부르크는 바이에른 뮌헨을 3대 1로 이겼어요.

steigern (Leistung) (실력을) 올리다, 향상시키다

• Die Fußballspieler waren miserabel. Sie müssen ihre Leistung steigern.

축구선수들이 정말 형편없었다. 그들은 실력을 향상시켜야만 한다.

* die Leistung, -en 실력, 성과

stoppen 멈추게 하다, 저지하다

• Michael Schumacher hat alle Verfolger abgehängt. Er ist nicht mehr zu stoppen.

미하엘 슈마허는 모든 추격자들을 따돌렸다. 그를 저지할 수 없다.

übertragen (überträgt), übertrug, hat übertragen (프로그램을) 중계하다

• Wird das Spiel live übertragen?

이 경기가 생방송으로 중계되는 건가요?

übertragen aus +D (überträgt), übertrug, hat übertragen 중계하다

• Das Spiel wurde direkt aus dem Stadion übertragen.

본 경기는 경기장에서 직접 중계되었다.

sich verletzen 부상을 입다

• Ich habe mich beim Rennen ein wenig verletzt.

달리다가 약간 다쳤어.

* die Verletzung, -en 부상

verletzt sein 다쳤다, 부상을 입고 있다

• **Fußballspieler sind ständig verletzt.**

축구선수들은 지속적으로 부상을 입었어요.

---

verlieren, verlor, hat verloren (경기에서) 지다

• **Welche Mannschaft hat diesmal verloren?**

이번에는 어느 팀이 졌니?

---

jdm zujubeln 환호하다, 응원하다

• **Die Fans jubeln ihrer Mannschaft zu.**

팬들은 자신의 팀을 응원한다.

---

zu|schauen 구경하다

• **Beim Sport schaue ich nicht gerne zu, ich mache lieber selber etwas.**

스포츠를 그렇게 즐겨보지 않아요. 직접 하는 것을 좋아해요.

# 11

# Gesundheit und Krankheit
건강과 질병

# 11-1 Körperteile
## 신체부위

**[der Körper / 몸]**

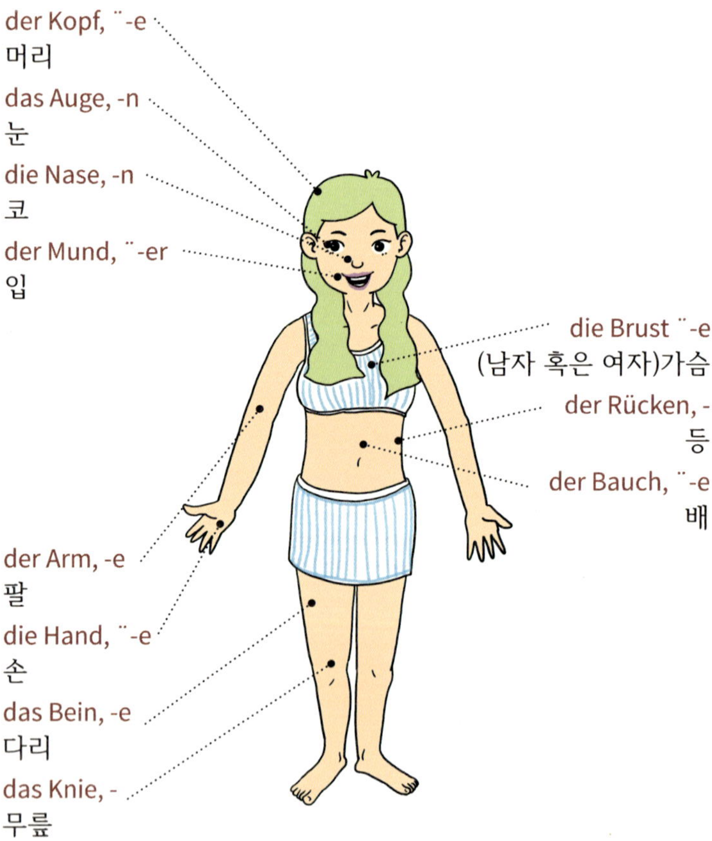

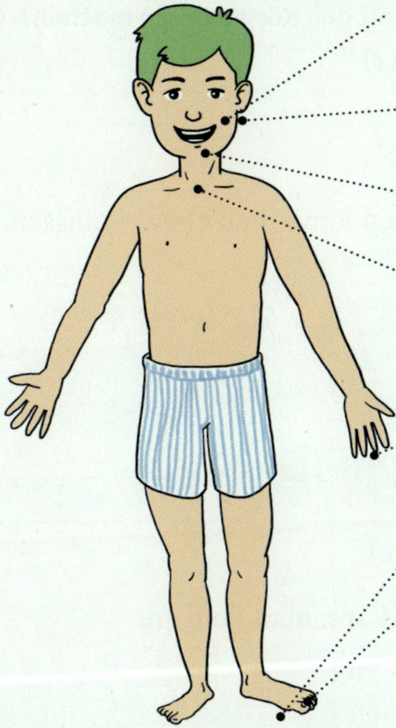

das Gesicht, -er
얼굴

das Ohr, -en
귀

der Zahn, ¨-e
치아

der Hals, ¨-e
목

der Finger, -
손가락

der Fuß, ¨-e
발

der Zeh, -en
발가락

**[das Gesicht / 얼굴]**

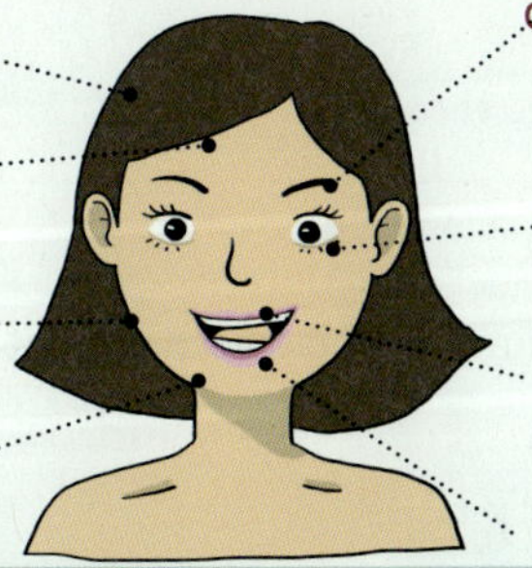

die Haar, -e
머리카락

der Stirn, (*Sg)
이마

die Wange, -n
뺨

das Kinn, -(*Sg)
턱

die Augenbraue, -n
눈썹

die Wimper, -n
속눈썹

die Oberlippe, -n
윗입술

die Unterlippe, -n
아랫입술

* die Stirn 과 das Kinn은 단수형으로 쓰인다. 사전에 실린 복수형은 사용하지않는다.

**[Was kann man mit den Körperteilen machen?/신체부위로 무슨 일을 할 수 있나요?]**

die Hand, ¨-e 손

• Mit den Händen kann man etwas anfassen, schreiben und klatschen.

손으로 만질 수 있고 쓸 수 있고 박수칠 수 있다.

* an|fassen 만지다
* klatschen 박수치다
* schreiben, schrieb, hat geschrieben 쓰다

der Kopf, ¨-e 머리

• Mit dem Kopf kann man denken.

머리로 생각할 수 있다.

* denken, dachte, hat gedacht 생각하다

das Auge, -n 눈

• Mit den Augen kann man sehen.

눈으로 볼 수 있다.

* sehen, sah, hat gesehen 보다

die Nase, -n 코

• Mit der Nase kann man riechen und atmen.

코로 숨쉴 수 있다.

* riechen, roch, hat gerochen 냄새 맡다
* atmen 숨쉬다

der Mund, ¨-er 입

• Man kann mit dem Mund sprechen, essen, trinken und küssen.

입으로 말하고 먹고 마시고 키스할 수 있다.

* sprechen (spricht), sprach, hat gesprochen 말하다
* essen (isst), aß, hat gegessen 먹다
* trinken, trank, hat getrunken 마시다
* küssen 키스하다

der Arm, -e 팔

• Mit den Armen kann man jemanden umarmen.

팔로 누군가를 껴 안을 수 있다.

* um|armen 껴안다

das Bein, -e 다리

• Mit den Beinen kann man gehen oder laufen.

다리로 걷거나 뛸 수 있다.

* gehen, ging, ist gegangen 걷다
* laufen (läuft), lief, ist gelaufen 달리다

der Fuß, ¨-e 발

• Auf den Füßen kann man stehen.

발로 서있을 수 있다.

* stehen, stand, hat gestanden 서다

## 11-2 Beschwerden und Krankheiten
## 통증과 병

| | |
|---|---|
| ① sich schneiden (in den Finger) | (손가락)을 베다 |
| ② die **Verstopfung (Sg) | (병) 변비 |
| der **Durchfall (Sg) | 설사 |
| die *Halsschmerzen (Pl ) | (통증) 배아픔 |
| ③ der (hohe)/(niedrige) **Blutdruck(Sg) | (고)/(저)혈압 |
| ④ die *Zahnschmerzen (Pl ) | (통증) 치통 |
| ⑤ der Diabetes (Sg) | 당뇨 |
| ⑥ die *Halsschmerzen (Pl ) | (통증) 목 아픔 |
| ⑦ die Migräne (Sg) | 편두통 |
| die *Kopfschmerzen (Pl ) | (통증)두통 |
| ⑧ die Erkältung (Sg) | 감기 |
| die Grippe (Sg) | 독감 |
| das Fieber (Sg) | 열 |
| ⑨ der Husten (Sg) | 기침감기 |

- *die Bauch-(Kopf- und Hals-)schmerzen등과 같이 통증인 경우 복수형으로 쓰인다.
- **die Vertopfung, der Durchfall, der Blutdruck등과 같이 병인 경우 단수형으로 쓰인다.

## 11-3 Gesundheitliche Problem/Beschwerden 건강상 문제들/통증

die Angina (Sg) 후두염, 편도선염

- Marie plagte sich mit Angina.
  마리가 후두염으로 고생했다.

  * sich plagen mit +D ~으로 고생하다

die Allergie gegen +A 알레르기 | jn jucken 간지럽다

- Ich habe eine Allergie gegen Hunde(Katzen-)haare. Wenn ein Hund/eine Katze in der Nähe ist, muss ich niesen. Und es juckt mich am ganzen Körper.
  나는 개털(고양이털)알레르기가 있다. 그래서 개/고양이가 가까이 있으면 재채기가 나오고 온 몸이 간지럽다.

jn anstecken mit +D ~에게 ~을/를 옮기다

- Tim hat mich mit seiner Erkältung angestekckt.
  팀이 나에게 감기를 옮겼어.

sich (Bein/Arm) brechen (bricht), brach, hat gebrochen
(다리/팔이)부러지다

- Das arme Mädchen hat sich beim Skifahren das Bein gebrochen.
  그 가여운 소녀는 스키를 타다 다리가 부러졌어요.

  * beim Skifahren 스키 탈 때

bluten 피가 나다

• Warum blutest du am Arm? Was ist passiert?

팔에서 왜 피가 나니? 무슨 일이야?

sich erkälten 감기에 걸리다

• Ich habe eine Erkältung! Sei vorsichtig, damit du dich nicht in dieser kalten Jahreszeit erkältest!

나는 감기에 걸렸어. 이렇게 추운 계절에 감기에 걸리지 않도록 조심해라!

* in dieser kalten Jahreszeit 추운 계절에

haben (Fieber/Husten) 열나다/기침이 나다

• Meine Tochter fühlt sich nicht wohl. Sie hat hohes Fieber und Husten.

내 딸의 컨디션이 좋지 않다. 고열이 나고 기침이 난다.

* sich (nicht wohl) fühlen (기분이 안좋게) 느끼다

die Grippe (Sg) 독감

• Diese Woche komme ich nicht in die Uni. Ich habe Grippe und möchte euch nicht anstecken!

이번주에 (대)학교에 못가. 독감에 걸렸는데 너희들에게 옮기고 싶지 않아!

* an|stecken 옮기다

### jucken 간지럽다

- Mist, eine Mücke hat mich gestochen! Jetzt juckt es.

이런! 모기 한 마리가 나를 물었어! 그래서 간지러워.

* die Mücke, -n 모기
* stechen, stach, hat gestochen 물다

### husten 기침을 하다

- Er raucht sehr viel und muss ständig husten.

그는 담배를 많이 피워 계속 기침을 한다.

* rauchen 담배 피우다

### die Kopfschmerzen (Pl) 두통

- Der Patient klagte über starke Kopfschmerzen.

환자는 심한 두통을 호소했다.

* der Patient, -en 환자
* klagen über +A ~대해 불만을 털어놓다

### sich (krank) fühlen (아프다고) 느끼다

- Wenn du dich immer so krank fühlst, solltest du dich mal ärztlich behandeln lassen!

몸이 그렇게 항상 아픈 것 같으면, 의사에게 진료를 받아!

* sich (ärztlich) behandeln lassen (의사) 진료를 받다

die Kreislaufstörung, -en 혈액순환장애

• Er hat eine Kreislaufstörung und muss ins Krankenhaus gebracht werden.

그는 혈액순환장애가 있어서 병원으로 가야만 한다.

die Migräne (Sg) 편두통

• Ich leide sehr unter diesem Wetter. Dann bekomme ich immer Migräne.

이런 날씨는 괴로워. (날씨가 이러면) 편두통이 온다.

* das Wetter (Sg) 날씨
* leiden unter +D (정신적으로) ~에 시달리다

niesen 재채기하다

• Ich bin so erkältet, ich muss ständig husten und niesen.

나는 감기에 걸려 계속 기침과 재채기를 한다.

* erkältet sein 감기 걸려있다

die Pollenallergie, -n 꽃가루 알레르기

• Ich habe eine Pollenallergie. Deshalb muss ich im Frühling andauernd niesen.

나는 꽃가루 알레르기가 있다. 그래서 봄이 되면 계속 재채기를 한다.

etw (nichts) riechen, roch, hat gerochen
냄새를 (아무것도 못)맡다

• Ich bin so stark erkältet, dass ich überhaupt nichts riechen und schmecken kann.

나는 냄새를 전혀 맡을 수도 없고, 맛도 느낄 수 없을 정도로 심하게 감기가 들었다.

* schmecken 맛을 느끼다

schädlich sein 해롭다

• Den ganzen Tag vor dem Computer zu sitzen ist schädlich für die Augen.

하루 종일 컴퓨터 앞에 앉아 있으면 눈에 해롭다.

* das Auge, -n 눈

der Schnupfen (Sg) 코감기 | laufen (die Nase) (läuft), lief, ist gelaufen (콧물이) 나다

• Er hat Schnupfen. Er muss ständig niesen, und seine Nase läuft.

그는 코감기에 걸렸다. 그래서 계속 재채기를 하고 콧물을 흘린다.

sich verletzen an +D (~을/를) 다치다

• Der Fußballspieler hat sich am Fuß verletzt.

축구선수가 발을 다쳤다.

sich (Fuß) verstauchen (발을) 삐다

• Gestern habe ich mir beim Sport meinen Fuß verstaucht.

나는 어제 운동을 하다가 발을 삐었어.

die Verstopfung (Sg) 변비

• Sie leidet an Verstopfung.

그녀는 변비에 시달리고 있다.

* leiden an +D (육체적으로) ~에 시달리다

der/das (Grippe)Virus, die Viren (독감) 바이러스

• Die Grippeviren werden immer resistenter. Ohne Antibiotika dauert es lange, bis man wieder gesund wird.

독감 바이러스의 항체가 점점 더 강해져서 항생제를 복용하지 않고는 (독감이 나아) 다시 건강해지는데 시간이 오래걸린다.

* resistent 저항력의

## 11-4 Gesundes Leben!
## 건강한 삶!

ab|nehmen (살을) 빼다

• Herr Kim hat Diabetes. Der Arzt sagt, er soll abnehmen.

김선생님은 당뇨병을 앓고 있다. 의사가 살을 빼라고 한다.

> * der Diabetes (Sg) 당뇨병

ausgeglichen sein 평정심을 가지다

sich (nicht) auf|regen 흥분하(지 않는)다

• Du solltest dich nicht aufregen, sondern versuchen, ausgeglichen zu sein.

흥분하지 말고 평정심을 갖도록 노력해야만 된다.

die Bewegung (Sg) 운동, 활동 | an|regen (Kreislauf) (혈액순환을) 촉진하다

• Bewegung hält fit und regt den Kreislauf an.

운동은 건강을 유지시키고 혈액순환을 촉진한다.

> * halten (hält), hielt, hat gehalten 유지하다
> * der Kreislauf (Sg) 혈액순환

sich (gesund) ernähren (건강하게) 먹다
das Gemüse (Sg) 야채

• Man sollte sich gesund ernähren, wenig Fleisch und viel Gemüse essen.

건강하게 음식을 섭취해야한다. 고기는 적게 그리고 야채는 많이 섭취해야 한다.

* das Fleisch (Sg) 육류

löschen (den Durst) (갈증을) 해소하다

• Mit Wasser kann man am besten den Durst löschen.

생수로 갈증을 해소하는 것이 제일 좋아요.

* das Wasser (Sg) 물
* der Durst (Sg) 갈증

froh sein 기쁘다 | zufrieden sein 만족하다

• Ist dein Herz froh und deine Seele zufrieden, dann ist dein Körper gesund.

너의 마음이 기쁘고 영혼이 만족하면 너의 몸은 건강하다.

* das Herz, -en 마음, 심장
* die Seele, -n 영혼, 마음

machen (Gymnastik) 운동하다 | die Gymnastik (Sg) 운동

• Ich habe oft Rückenschmerzen. Ich sollte Gymnastik machen.

나는 자주 허리가 아프다. 운동을 해야한다.

* die Rückenschmerzen (통증 Pl) 허리통증

sich (Zeit) nehmen (nimmt), nahm, hat genommen
(시간을) 내다

• Nimm dir Zeit für deine Hobbys!

취미생활을 위해 시간을 내렴!

* das Hobby, -s 취미

pflegen 관리하다 | die Feuchtigkeitscreme, -s 보습크림

• Im Winter wird meine Haut immer so trocken, deshalb pflege ich sie mit Feuchtigkeitscreme.

겨울에는 내 피부가 매우 건조해져서 보습 크림으로 관리한다.

* die trockene Haut 건성피부

essen (Obst und Gemüse) (isst), aß, hat gegessen
(과일, 야채를) 먹다

• Für eine gesunde Ernährung soll man viel Obst und Gemüse essen.

건강한 영양섭취를 위하여 과일과 야채를 많이 먹어야한다.

* die (gesunde) Ernährung, -en (건강한) 영양섭취
* das Obst (Sg) 과일

gehen (zur Vorsorgeuntersuchung), ging, ist gegangen
(예방 검진 받으러) 가다

• Man sollte jedes Jahr zur Vorsorgeuntersuchung zum Arzt gehen.

매년 예방검진받으러 의사에게 가야 한다.

* die Vorsorge (Sg) 예방

(gründlich) putzen (Gemüse) (야채를) (철저하게 깨끗이) 닦다

• Man sollte Gemüse gründlich putzen.

야채를 철저하게 (깨끗이) 닦아야 한다.

* gründlich 철저하게

putzen (Zähne) (이를) 닦다

• Nach dem Essen Zähne-putzen nicht vergessen!

식후에 이 닦기 잊지 말기!

(nicht) rauchen 담배 피우(지 않)다

• Man sollte nicht rauchen. Rauchen schadet der Gesundheit.

담배를 피지 말아야 한다. 담배를 피는 것은 건강을 해친다.

* schaden +D ~을 상하게 하다, 해치다

schützen 보호하다 | die Sonnencreme, -s 썬크림

• Um keinen Sonnenbrand zu bekommen, muss man seine Haut mit Sonnencreme schützen.

피부를 타지 않게 하기 위해서는 썬크림으로 보호해야한다.

* der Sonnenbrand (Sg) (햇볕에) 피부가 탐

(maßvoll) trinken (Alkohol), trank, hat getrunken
(적당히) 술을 마시다

• Man sollte Alkohol nur maßvoll trinken

술은 적당히 마셔야 한다.

* maßvoll 적당히

waschen (Hände) (wäscht), wusch, hat gewaschen
(손을) 씻다

• Kinder, Hände waschen! Öfter Hände waschen gehört zum gesunden Leben.

애들아! 손을 씻으렴. 자주 손을 닦는 것은 건강하게 사는 법이란다.

* täglich 매일
* gesundes Leben 건강한 삶

waschen (Apfel) (사과를) 씻다

• Bevor man einen Apfel isst, sollte man ihn gut waschen.

사과를 먹기 전에 잘 씻어야한다.

* der Apfel, ¨ 사과

## 11-5 Beim Arzt und im Krankenhaus
## 개인병원과 병원에서

ab|nehmen (Blut), nahm ab, hat abgenommen (피를) 뽑다

• Der Arzt hat mir zur Untersuchung Blut abgenommen.
의사선생님은 검사를 위해 내 피를 뽑았다.

* die Untersuchung, -en 검사

beobachten 관찰하다

• Bleiben Sie bitte eine Nacht im Krankenhaus, damit wir Sie 24 Stunden lang beobachten können.
우리들이 24시간동안 환자분을 관찰할 수 있도록 하루 밤동안 병원에 입원하세요.

behandeln 치료하다 | die Antibiotika (Pl) 항생제

• Sie haben Angina. Wir versuchen, das mit Antibiotika zu behandeln.
당신은 편도선염에 걸렸습니다. 항생제로 치료 하겠습니다.

* die Angina (Sg) 편도선염

die Diagnose,-n 진단

• Was hat der Arzt gesagt? Was ist die Diagnose? Ist es eine ernste Krankheit?

의사는 뭐라고 했니? 어떤 진단을 내렸니? 심각한 병이래?

* ernst 심각한

jm fehlen 아프다, 비어있다

• „Was fehlt Ihnen?“ fragt der Arzt.

“어디가 아프신가요?” 라고 의사가 묻는다.

ein|weisen (ins Krankenhaus), wies ein, hat eingewiesen
(병원으로) 갈 것을 지시하다

• Weil Lena sehr krank ist, hat ihr Hausarzt sie ins Krankenhaus eingewiesen.

레나가 많이 아프기 때문에 그녀의 주치의가 그녀를 종합병원에 가라고 지시했다.

* das Krankenhaus, ¨-er (종합)병원

* 제 1차 진료를 하는 곳을 die Praxis(개인병원) 라고한다. 이들 1차 진료 의사(Hausarzt)는 필요에 따라서 환자를 분류하여 전문 의사에게 후송 의뢰하거나, 2차 진료기관인 병원 또는 3차 진료 기관인 종합병원(Krankenhaus)으로 의뢰한다.

füllen (Zahn) (이에) 봉을 박다

• Der Zahnarzt füllt den kaputten Zahn mit einer (Zahn) Füllung.

치과의사는 썩은 치아에 봉을 박는다.

* der Zahnarzt, ¨-e 치과의사　　* kaputt 썩은

krank|schreiben, schrieb krank, hat krankgeschrieben
진단서를 써주다

• **Der Arzt hat mich vier Tage krankgeschrieben. Ich muss im Bett bleiben und kann nicht zur Arbeit kommen.**

의사가 나에게 나를 진단서를 써주었다. (침대에) 누워 있어야 해서 일하러 갈수 없다.

* bleiben (im Bett) (침대에) 누워 있다

---

messen (misst), maß, hat gemessen 재다
die Körpertemperatur (Sg) 체온

• **Die Krankenschwester misst die Körpertemperatur des Patienten mit einem Fieberthermometer.**

간호사가 환자의 체온을 체온계로 잰다.

* die Krankenschwester, -n 간호사
* das Fieberthermometer, - 체온계

---

nehmen (Medikament) (nimmt), nahm, hat genommen
(약을) 복용하다

• **Der Patient muss dreimal am Tag seine Medikamente nehmen.**

이 환자는 하루에 세 번 약을 복용해야 한다.

* der Patient, -en 환자
* das Medikament, -e 약

operieren 수술하다 | die Schönheitsoperation, -en 성형수술

• Viele Menschen in Korea lassen sich heutzutage operieren: Die Zahl der Schönheitsoperationen steigt!

오늘날 한국에서는 많은 사람들이 수술을 한다. 성형수술하는 사람들의 수가 증가하고 있다.

* steigen, stieg, ist gestiegen 증가하다

---

röntgen lassen(lässt röntgen), ließ röntgen, hat röntgen lassen 엑스레이 사진을 찍다

• Sein Fuß ist verstaucht. Er muss ihn röntgen lassen.

그는 발이 삐었다. 엑스레이를 찍어야한다.

---

rufen (Krankenwagen), rief, hat gerufen (구급차를) 부르다

• Ein Unfall! Schnell, ruft einen Krankenwagen, 112!

사고다. 빨리 112로 구급차를 불러라!

* der Krankenwagen, - 구급차
* der Unfall, ¨-e 사고

---

verschreiben (Medikament) (약을) 처방하다

• Heute verschreibe ich Ihnen ein neues Medikament. Das bisherige wirkt offenbar nicht gut.

오늘은 새로운 약을 처방해드리겠습니다. 지금까지의 약이 별로 효과가 없는 듯해요.

ab|raten (rät ab), riet ab, hat abgeraten (행위를) 하지 못하게 하다

• Salziges sowie fettiges Essen verursacht Magengeschwüre. Deshalb hat der Arzt mir davon abgeraten.

짜고 기름진 음식을 먹는 것(습관)이 위궤양을 유발한다. 그래서 의사가 그런 음식을 먹지 못하게 했다.

* das Magengeschwür, -e 위궤양

* verursachen 유발하다

---

weh|tun, tat weh, hat wehgetan 아프다

• Wo tut es denn weh? Wo haben Sie Schmerzen?

어디가 아파요? 어디에 진통이 있나요?

* die Schmerzen (통증 Pl) 진통

---

wieder|beleben 소생시키다

• Der alte Mann fiel plötzlich um. Wir dachten, er wäre tot, aber der Arzt hat ihn wiederbelebt.

노인이 갑자기 쓰러졌다. 우리는 그분이 죽은 줄로 생각했으나 의사가 그를 다시 살려냈다.

* um|fallen (fällt um), fiel um, ist umgefallen 쓰러지다

# 12

# Reisen/Urlaub

## 여행/휴가

12-1 Reise
여행

12-2 Reisen
여행하기

12-3 Hotel
호텔

## 12-1 Reise
여행

| • *Wir machen …* | *우리는 …을 한다.* |
|---|---|
| einen Badeurlaub | (물놀이를 하기 위해) 바닷가에서 보내는 휴가 |
| eine Bildungsreise/ einen Bildungsurlaub | 연수휴가 |
| eine Butterfahrt | 배를 타고 국경을 넘어 면세물품 구입을 목적으로 하는 여행 |
| einen Campingurlaub | 캠핑휴가 |
| eine Erholungsreise | 휴식을 위한 여행 |
| einen Erholungsurlaub | 휴식을 위한 휴가 |
| eine Kreuzfahrt | 크루즈 여행 |
| eine Städtereise | 도시 여행 |
| eine Wanderung | 도보 여행 |
| einen Wellnessurlaub | 웰빙/힐링을 위한 휴가 |
| einen Wochenendtrip | 주말 여행 |

| • *Wir fahren ...* | *우리는 ~로(타고) 간다.* |
|---|---|
| **ins** Ausland | 외국으로, 해외로 |
| **in die** Berge | 산으로 |
| **ins** Blaue | 정처없이, 무작정 |
| **nach** Deutschland | 독일로 |
| **in den** Duschungel | 정글로 |
| **zu den** Freunden usw. | 친구들 집에 |
| **ins** Gebirge | 산맥으로 |
| **zu den** Großeltern | 할머니 할아버지 댁으로 |
| **nach** Korea | 한국으로 |
| **auf** die Insel | 섬으로 |
| **aufs** Land | 시골로 |
| **ans** Meer | 바다로 |
| **in die** Schweiz/Türkei/ USA (nach Amerika) | 스위스로/터키로/미국으로 |
| **an den** See | 호수로 |
| **an den** Strand | 해변가로 |
| **in den** Wald | 숲으로 |
| **in die** Wüste | 사막으로 |

• Aber viele machen auch Urlaub auf Balkonien und bleiben zu Hause.

그러나 많은 사람들은 집에서 휴가를 보낸다.

* * Balkonien: Balkon+ien 자신의 발코니를 휴가장소로 나타낸 표현

| die Busreise, -n | 버스여행 |
|---|---|
| das Geschäftsreise, -n | 출장 |
| die Gruppenreise, -n | 단체여행 |
| die Pauschalreise, -n | 일괄 지불 여행 |
| die Reiseapotheke, -n | 여행용 구급약 상자 |
| der Reisebericht, -e | 여행보고서 |
| das Reisebüro, -s | 여행사 |
| der Reisebus, -se | 관광버스 |
| das Reisefieber (Sg) | 도보 여행 |
| der Reiseführer, -er | 여행 안내서 |
| das Reisegepäck (Sg) | 수하물 |
| die Reisegruppe, -n | 여행자 단체 |
| der Reiseleiter, - | 여행 안내자 |
| der Reisepass, ¨-e | 여권 |
| der Reiseprospekt, -e | 여행 팜플렛 |
| der Reiseveranstalter, - | 여행사 |
| die Reiseversicherung, -en | 여행자 보험 |
| das Reiseziel , -e | 여행 목적지 |
| das Souvenir, -s/<br>das Mitbringsel, - | 기념품 |
| der Stadtbummel, - | 시내 구경하면서 쇼핑하기 |
| die Stadtrundfahrt, -en | 시내관광 |
| die Tagesfahrt, -en | 1일 관광 |

## 12-2 Reisen
## 여행하기

ab|laufen (Pass) (läuft ab), lief ab, ist abgelaufen
(여권의 유효기간이) 만료되다

• Dein Pass läuft am 30. Juni ab.

네 여권이 6월 30일에 만료돼.

* der Pass, ¨-e 여권

sich amüsieren 즐거워하다

• Amüsier dich gut, wenn du in Urlaub fährst!

휴가 가면 즐겁게 지내!

auf|machen (den Koffer) (여행가방) 풀다, 열다

• Zollbeamter: „Machen Sie bitte den Koffer auf!"

세관공무원: "가방을 열어보세요!"

aus|checken 체크 아웃하다

• Im Hotel müssen alle Gäste Um 12 uhr auschecken.

호텔에서는 손님들은 12시에 체크아웃하여야 해요.

aus|packen ~을/를 풀다

• Wir sind nun angekommen. Wir wollen erst mal die Koffer auspacken!

우리는 도착했다. 우선 여행가방부터 풀자!

sich aus|ruhen 쉬다

• Der Flug hat 20 Stunden gedauert. Jetzt muss ich mich erst mal ausruhen.

비행이 20시간 걸렸어. 난 지금 좀 쉬어야 해.

sich aus|ruhen von +D ~로 부터 쉬다

• Ich muss mich von der langen Zugfahrt erst einmal ausruhen.

난 오래 기차를 타서 우선 좀 쉬어야 해.

bestätigen (die Reservierung) (예약을) 확인하다

• Hast du im Reisebüro angerufen und die Reservierung bestätigen lassen?

여행사에 전화 걸어서 예약을 확인했니?

besuchen (die Stadt) (도시를) 방문하다

• Welche Städte besuchen die Touristen in Deutschland am liebsten?

관광객들은 어느 독일 도시를 가장 많이 방문하고 싶어 하나요?

* die Stadt, ¨-e 도시

buchen (Flug) (비행기를) 예약하다

• Buchen Sie Ihren Flug online und sichern Sie den Gutschein.

비행기를 온라인으로 예약하시고 상품권 받으세요.

* der Flug, ¨-e 비행

campen 캠핑을 하다

• **Viele Deutsche campen gern im Urlaub.**
많은 독일인들은 휴가 때 캠핑을 즐긴다.

dauern 지속하다, 걸리다

• **Wie lange dauert der Flug von Korea nach Deutschland?**
비행기로 한국에서 독일까지 얼마나 걸리나요?

ein|checken (공항/호텔 등에) 절차를 밟다

• **Mit dem Pass und dem Flugticket muss man zuerst einchecken.**
여권과 비행기표를 가지고 우선 탑승절차를 밟아야 해요.

ein|treffen in +D (trifft ein), traf ein, ist eingetroffen
~에 도착하다

• **Ich bin gestern in Berlin eingetroffen.**
나는 어제 베를린에 도착했어요.

sich entspannen 휴식하다

• **Du hast Urlaub, entspann dich, und denk nicht mehr an die Arbeit!**
너는 휴가 중이잖아, 긴장을 풀어, 그리고 일 생각은 그만해!

sich erholen von +D ~로 부터 휴식하다

• **Im Urlaub werde ich mich von meiner Arbeit erholen.**
휴가 하면서 일에서 벗어나 쉴 거야!

erleben 체험하다

- Die Ferien waren ganz toll, ich habe eine Menge erlebt.
  방학이 너무 좋았어. 난 많은 것을 체험했어.

  * eine Menge 다량, 많음

---

fahren (in Urlaub) (fährt), fuhr, ist gefahren (휴가를) 떠나다

- Das ist sehr wichtig für viele: in Urlaub fahren und sich entspannen.
  많은 사람들에게 중요한 것이 있어요: 휴가를 떠나 휴식을 취하는 것.

---

gehen (auf die Reise), ging, ist gegangen
(여행길에) 오르다, 여행가다

- Dieses Jahr gehen die Kinder ohne Eltern auf eine Reise.
  올해는 아이들이 부모 없이 여행을 가요.

---

genießen, genoss, hat genossen 즐기다

- Genieße deinen Urlaub, du hast ihn dir verdient.
  휴가를 즐기렴, 너는 휴가를 받아 마땅해.

---

hoffen auf +A ~을 희망하다

- Wir hoffen auf ein besseres Wetter.
  날씨가 좋아졌으면 좋겠어요.

---

jn informieren ~에게 알리다, 정보를 주다

- Bitte informieren Sie mich, wenn sich etwas Wichtiges ändert!
  주요사항이 변경되면 나에게 알려 주십시오.

sich interessieren für +A ~에 흥미/관심를 가지고 있다

• Interessierst du dich für Radtouren?

자전거 여행에 관심이 있니?

interessiert sein an +D ~에 흥미를 가지고 있다

• Bist du denn gar nicht an fremde Kulturen interessiert?

너는 낯선 문화에는 전혀 관심이 없니?

klagen über +A ~에 대해 불평을 늘어놓다, 불만을 털어놓다

• Der Tourist klagte über das schlechte Essen.

관광객은 나쁜 식사에 대해서 불만을 토로했다.

machen (Fotos) (사진을) 찍다

• Im letzten Urlaub haben wir Hunderte von Fotos gemacht.

지난 휴가 때에 우리들은 수백 장의 사진을 찍었다.

machen (Urlaub) 휴가하다

• Vom nächsten Montag an mache ich Urlaub.

나는 다음 월요일부터 휴가다.

* von...an 부터

machen (Urlaub auf Balkonien) (집에서 휴가를) 보내다

• Dieses Jahr mache ich Urlaub auf Balkonien. Denn ich muss sparen.

올해 난 집에서 휴가를 보낼거야. 돈을 모아야 하거든.

sich (D) nehmen (Urlaub) (nimmt), nahm, hat genommen
(휴가를) 얻다

- Herr Meier, Sie sehen nicht gut aus. Nehmen Sie sich doch ein paar Tage Urlaub!

  마이어씨, 안색이 좋지 않군요. 며칠 휴가를 얻으시지요!

---

packen (Koffer) (여행가방을) 싸다

- Ich muss heute zu Hause bleiben und Koffer packen. Morgen fliege ich nach Deutschland.

  오늘 나는 집에 있으면서 짐을 싸야 된다. 내일 나는 독일로 간다.

---

jm passen 시간적으로 맞다/적절하다/좋다

- Welcher Tag würde dir passen?

  너는 언제가 좋아?

---

planen 계획을 세우다

- Viele Deutsche planen ihren Urlaub schon ein Jahr im Voraus.

  많은 독일 사람들은 벌써 1년 전부터 휴가계획을 세운다.

---

recherchieren 조사하다, 알아내다, 검색하다

- Für seine Bildungsreise hat er viel recherchiert, in Bibliotheken, in Archiven und im Internet.

  견학 여행을 위하여 그는 도서실, 문헌자료실 그리고 인터넷에서 자료를 많이 조사했다.

rechnen mit +D ~을 예상하다

• Heute scheint die Sonne, aber ich rechne nicht damit, dass es auch am Wochenende schön ist.

오늘 해가 난다. 그러나 주말에도 날씨가 좋을 것이라고 예상하지는 않는다.

---

reisen 여행하다

• Wenn ich viel Geld hätte, würde ich um die ganze Welt reisen.

내가 돈이 많다면 세계 일주를 할텐데.

---

jn reizen ~을 매혹시키다

• Vor allem reizen mich die Menschen in dieser Stadt.

특히 이 도시에 사는 사람들이 날 매혹시켰어요.

---

reservieren (Karten) (표를) 예매하다

• Wenn man in München in die Oper gehen möchte, muss man sich Karten reservieren lassen, sonst kommt man nicht rein.

뮌헨에서 오페라에 가고 싶으면 표를 예약해야 한다. 그렇지 않으면 입장할 수 없다.

---

schauen (Filme) (영화를) 보다

• Im Urlaub sitzt mein Freund zu Hause und schaut nur Filme.

내 친구는 휴가 중에 집에 앉아서 영화만 봐요.

schützen vor +D ~로 부터 보호하다

• Das Moskitonetz wird mich dieses Jahr vor den Stechmücken schützen.

올해는 모기장이 모기로부터 나를 보호해 주겠지.

* das Moskitonetz, -e 모기장  * die Stechmücke, -n 모기

sich schützen vor +D ~으로부터 자기 몸을 보호하다

• In tropischen Ländern muss man sich vor Malaria schützen.

열대국가에서는 말라리아에 전염되지 않도록 자기 몸을 보호해야 한다.

sein (auf der Reise) (여행 중)이다

• Holger ist nicht zu Hause, er ist auf einer langen Reise.

홀거는 집에 없어요. 그는 긴 여행 중이에요.

sein (auf/im Urlaub) (휴가 중)이다

• Muss er immer im Urlaub sein, wenn man ihn braucht?

우리가 그를 필요로 할 때마다 그는 휴가 중인가요?

sorgen für +A ~을 야기하다, 결과를 낳다

• Unwetter sorgen für Verkehrsunfälle.

악천후가 교통사고를 야기한다.

stornieren 취소하다

• Leider kann ich am Samstag doch nicht nach Moskau fliegen, ich muss den Flug stornieren.

유감스럽게도 토요일에 모스크바로 (비행기 타고) 갈 수 없다. 비행기 표를 취소해야만 한다.

streichen (den Flug), strich, hat gestrichen
(비행기 운행을) 취소하다

- Der Flug nach Frankfurt ist ersatzlos gestrichen worden.
  프랑크프루트행 항공편이 대체노선 없이 취소되었다.

  * ersatzlos 대체될 수 없는

suchen nach +D ~을 찾으러 다니다, 탐구하다

- Viele Menschen suchen jedes Jahr nach neuen Urlaubszielen.
  많은 사람들은 매년 새로운 휴가갈 수 있는 곳을 찾는다.

tragen (Koffer) (trägt), trug, hat getragen (가방을) 들다

- Möchtest du mal meinen Koffer tragen?
  내 가방 좀 들어 볼래?

überbuchen 초과 예약하다

- Tut mir Leid, alle Flüge nach Helsinki sind überbucht!
  죄송합니만 헬싱키로 가는 모든 비행기가 초과 예약되었습니다!

um|buchen 예약을 변경하다

- Ich kann jetzt am Freitag doch nicht fliegen. Ich muss meinen Flug umbuchen.
  나는 이번 금요일에 비행기를 탈 수 없다. 비행날짜를 변경해야만 한다.

unter|gehen (Sonne), ging unter, ist untergegangen
(해가) 지다

- Schau mal, die Sonne geht unter. Ist das nicht schön?
  봐라, 해가(석양이) 지고 있다. 아름답지 않니?

sich verabschieden 이별하다

• Sie verabschiedeten sich und hatten Tränen in den Augen.

그들은 서로 이별하면서 눈에 눈물이 고였다.

sich verabschieden von +D ~와 작별하다

• Schweren Herzens musste ich mich wieder von meinem Urlaubsort verabschieden.

무거운 맘으로 나는 또 다시 나의 휴가지와 작별해야만 했다.

verbringen, verbrachte, hat verbracht 시간을 보내다

• Ich habe zwei wunderschöne Monate in München verbracht.

나는 아주 멋진 두달을 뮌헨에서 보냈어요.

verführen zu +D ~로 유혹하다, ~을 하도록 매혹시키다

• Sauberes Wasser und steigende Temperaturen verführen zum Badeurlaub auf der Insel Sylt.

맑은 물과 상승하는 온도가 쥘트 섬에서 해수욕 휴가를 하도록 유혹한다.

sich vergnügen 즐기다

• Im Urlaub möchte ich mich vernügen.

휴가 때 나는 놀며 즐기고 싶어요.

verlängern 연장하다

• Ich muss mein Visum verlängern lassen.

나는 여권을 연장해야해.

verreisen 여행을 떠나다

• Ich weiß noch nicht, ob ich im Urlaub verreise.

휴가 때 여행을 떠날지 아직 모르겠어.

wechseln (Geld) 환전하다

• Entschuldigung, können Sie Geld wechseln? Ich brauche Kleingeld.

실례합니다만, 돈을 바꿔주실 수 있나요? 잔돈이 필요해요.

zeigen 보여주다, 가르켜주다

• Können Sie mir zeigen, wo die Fußgängerzone ist?

보행자전용구역이 어디 있는지 나에게 가르켜주시겠어요?

* die Fußgängerzone, -n 보행자전용구역

**[Wir machen heute eine Stadtbesichtigung! / 오늘 우리 시내구경하자!]**

besichtigen 구경하다

• Welche Sehenwürdigkeiten wollen wir heute besichtigen?

우리 오늘 어느 명소를 구경할까?

gelten als +N ~으로 여겨지다

• Heidelberg gilt als eine der schönsten Städte Deutschlands.

하이델베르크는 독일에서 제일 아름다운 도시 중에 하나이다.

lenken auf +A (~로 관심을) 돌리다

• Der Galerieführer lenkte die Aufmerksamkeit der Besucher auf das Gemälde von Giaccomo Rambazamba (1531 – 1609).

갤러리관장은 방문객들의 관심을 Giaccomo Rambazamba의 그림으로 돌렸다.

sich lohnen 소용이 있다, 할 가치가 있다

• Es lohnt sich immer, nach Bregenz zu fahren. Da gibt es jedes Jahr das Sommerfestival direkt am Bodensee.

브레겐츠는 늘 가볼만하다. 그 곳에서 매년 바로 보덴제 옆에서 여름 축제가 열린다.

machen (eine Stadtbesichtigung) (도시구경)을 하다

• Herr Schneider machte in Seoul eine Geschäftsreise. Am Wochenende machte er eine Stadtbesichtigung.

슈나이더씨는 서울에 출장을 왔었다. 주말에 그는 도시구경을 했다.

* die Geschäftsreise 출장

machen (eine Stadtrundfahrt) (시티 투어)를 하다

• Lass uns zuerst eine Stadtrundfahrt machen, damit wir einen ersten Eindruck von der Stadt gewinnen.

도시의 첫 인상을 얻도록 먼저 버스로 시티투어부터 하자.

kommen zu +D ~로 가다

• Wie kommt man zum Hauptbahnhof?

중앙역은 어떻게 가지요?

**[„Wenn einer eine Reise tut, dann kann er was erzählen…“ / 여행을 하는 자는 이야기 거리가 많다.] (Matthias Claudius 의 시 Urians Reise um die Welt)**

ab|bauen (Vorurteile) (편견/선입견) 없애다

- Auf der Reise lernt man verschiedene Formen des Lebens kennen. So baut man Vorurteile ab.

여행 중에 다양한 삶의 양식을 배우게 되고 그로 인해 선입견이 사라진다.

* das Vorurteile, -e 편견

ab|schalten 아무런 생각 없이 쉬다

- Wenn man eine Reise macht, kann man abschalten und über das Leben nachdenken.

여행을 하게 되면 신경을 끄고 자신의 인생에 대하여 생각을 할 수 있어요.

erleben 체험하다

- Auf der Reise erlebt man Dinge, die man bis dahin nicht gekannt hat.

여행 중에 그 때까지 알지 못했던 것들을 체험하게 되요.

erleben (Abenteuer) (모험을) 체험하다

- Auf der Reise erlebt man viele Abenteuer.

여행 중에는 많은 모험을 하게 되요.

* das Abenteuer, - 모험

erweitern (seinen Horizont) 견문을 넓히다

- Bildung findet man nicht nur in den Büchern. Auch auf der Reise kann man seinen Horizont erweitern.

  지식은 책에서만 찾을 수 있는 것이 아니에요. 여행을 하면서도 견문을 넓힐 수 있어요.

  * der Horizont (Sg) 시야, 지식의 범위

kennenlernen (Menschen) (사람을) 알게되다, 사귀다

- Iris hat ihren Mann auf einer Reise kennengelernt.

  이리스는 남편을 여행에서 알게 되었어요.

kennenlernen (fremde Kultur) (낯선 문화를) 알게되다

- Viele Menschen reisen, um fremde Kulturen kennenzulernen.

  많은 사람들은 낯선 문화를 알기 위해 여행을 해요.

machen (neue Erfarung) (새로운 경험을) 하다

- Auf Reisen macht man ganz neue Erfahrungen.

  여행을 하면 새로운 경험을 해요.

verbessern (Fremdsprachenkenntnisse)
(외국어 지식을) 향상시키다, 개선하다

- Die beste Methode, seine Fremdsprachenkenntnisse zu verbessern, ist, in das betreffende Land zu reisen.

  자신의 외국어실력을 향상시키기 위해 제일 좋은 방법은 그 나라로 여행가는 것이에요.

vergessen (Alltagssorgen)
(일상생활의 걱정을) 잊다, 잊어버리다

• **Reisen hilft, Alltagssorgen zu vergessen.**
여행은 일상생활의 걱정을 잊게 해 주어요.

werden (selbstbewusst) (자신감이) 강해지다

• **Reisen gibt mir das Gefühl, dass ich eigentlich alles schaffen kann. Ich werde selbstbewusster.**
여행을 하면, 내가 사실 모든 것을 해낼 수 있다는 느낌을 갖게 돼요. 자신감이 더 많이 생겨요.

## 12-3 Hotel
호텔

**[Im welchem Hotel wollen wir übernachten? / 어느 호텔에 묵고 싶니?]**

---

sich beschweren bei +D über +A ~에게 ~에 대해 불평하다

- Der unzufriedene Gast hat sich beim Hotel-Manager über sein Zimmer beschwert.
  불만이 있는 손님이 호텔지배인에게 자신의 방에 대해 항의했어요.

---

buchen (ein Zimmer) (방을) 예약하다

- Guten Tag, ich habe ein Zimmer auf den Namen „Vandale" gebucht.
  안녕하세요. "반달레" 이름으로 방을 예약해놓았어요.

---

reservieren 예약하다

- Reservierst du bitte zwei Einzelzimmer?
  1인실 2개를 예약할래?

---

übernachten 숙박하다

- Entschuldigung, in welchem Hotel kann ich denn preisgünstig übernachten?
  죄송합니다만 어느 호텔에서 저렴하게 숙박할 수 있을까요?

verboten sein 금지되어있다

• Hunde sind in unserem Hotel streng verboten!

개들은 우리 호텔에서 절대금지입니다!

verfügen über +A ~을 소유하다, 가지고 있다

• Das Hotel verfügt über eine offene Bar direkt am Strand.

그 호텔은 바로 해변가에 바스텐드가 있다.

| das Zimmermädchen, - | 객실 전속 메이드 |
|---|---|
| das Doppelzimmer, - | 2인실 |
| das Zimmer,- mit Bad/ mit Dusche | 욕실이 딸린/샤워장이 딸린 객실 |

| das Einzelzimmer, - | 1인실 |
|---|---|
| der Bügelraum, ¨e | 다림질 방 |

| die Rezeption, -en | 안내데스크 |
|---|---|
| der Frühstücksraum,¨e | 아침식사 룸/(조식) |
| der Zimmerschlüssel, - | 객실 열쇠 |

| die Minibar, -s | 미니바 |
|---|---|

# 13

## Arbeit und Beruf
## 일과 직업

## 13-1 Berufe 직업

der Automechaniker, n (남성) 자동차정비사
die Automechanikerin, -en (여성) 자동차정비사
reparieren 수리하다

- Die Aufgabe des Automechanikers ist es, Kraftfahrzeuge aller Art zu reparieren.

  자동차정비사의 임무는 모든 종류의 자동차를 수리하는 것이다.

---

der Arzt, -e (남성) 의사
die Ärztin, -nen (여성) 의사
untersuchen 진찰하다
behandeln 치료하다
operieren 수술하다
verschreiben, verschrieb, hat verschrieben 처방전을 쓰다

- Ein Arzt untersucht, behandelt und operiert Patienten. Er verschreibt auch Rezepte.

  의사는 환자를 진찰하고, 치료하고 그리고 수술한다. 처방전을 써주기도 한다.

* das Rezept, -e 처방전

der Bankkaufmann, ¨-er / Bankkaufleute (남성) 은행원
die Bankkauffrau, -en (여성) 은행원
bearbeiten (einen Auftrag) (의뢰를) 처리하다
beraten (Kunden), (berät), beriet, hat beraten (고객을) 상담하다

- Die Bankkaufleute bearbeiten Aufträge und beraten Kunden z.B über Finanzprodukte.
  은행원은 고객의 의뢰를 처리하고 예로 금융상품에 대하여 상담을 한다.

---

der Bauer, -n (남성) 농부
die Bäuerin, -nen (여성) 농부
ernten 수확하다
züchten (Tiere) (가축을) 키우다
produzieren 생산하다

- Ein Bauer erntet Getreide und Obst, züchtet Tiere und produziert Milch, Gemüse und Fleisch.
  농부는 곡식과 과일을 수확하고, 가축을 키우며, 우유, 채소, 육류를 생산한다.

* das Tier, -e 동물, 짐승

---

der Bäcker, -n (남성) 제과제빵사
die Bäckerin, -nen (여성) 제과제빵사
backen (das Brot etw) (빵 등을) 굽다
verkaufen 팔다

- Ein Bäcker backt Brote, Kuchen, Torten und Kekse und verkauft sie.
  제과제빵사는 빵, 케익, 크림케익과 쿠키를 굽고 판매한다.

der Dolmetscher, -in (남성) 통역사
die Dolmetscherin, -nen (여성) 통역
dolmetschen 통역하다

• Ein Dolmetscher dolmetscht.

통역사는 통역한다.

---

der Fotograf, -in (남성) 사진작가
die Fotografin,-nen (여성) 사진작가
fotografieren, fotografierte, hat fotografiert /machen (Fotos) (사진을) 찍다

• Ein Fotograf fotografiert/macht Fotos.

사진작가는 사진을 찍는다.

---

der Friseur, -e (남성) 미용사
die Frisöse, -nen (여성) 미용사
färben (die Haare) (머리를) 염색하다
fönen (die Haare) (머리를) 드라이하다
frisieren (die Haare), frisierte, hat frisiert (머리를) 손질하다
schneiden (die Haare), schnitt, hat geschnitten (머리를) 자르다

• Ein Friseur frisiert, schneidet, fönt und färbt den Kunden die Haare.

그는 고객의 머리를 손질하고, 자르고, 말리고 염색한다.

* der Friseur/Frisör; die Friseurin/Frisörin/Friseuse/ Frisöse

der Journalist, -en (남성)기자

die Journalistin, -nen (여성)기자

berichten über +A ~에 관해 보도하다

schreiben, schrieb, hat geschrieben (Artikel) (기사를) 작성하다

durchführen (Interviews) 인터뷰를 진행하다

- Ein Journalist berichtet über aktuelle Themen und schreibt Artikel für eine Zeitung. Er führt auch Interviews durch.

  기자는 시사적인 주제를(에 관해) 보도하며, 신문(사)를 위해 기사를 작성한다. 그는 인터뷰도 진행한다.

---

der Kellner, - 웨이터

die Kellnerin, -nen (여성) 웨이트리스

auf |nehmen, (nimmt auf), nahm auf, hat aufgenommen (die Bestellung) 주문을 받다

servieren, servierte, hat serviert (das Essen) 식사를 차리다

abräumen 치우다

- Ein Kellner nimmt die Bestellung auf, serviert das Essen. Nach dem Essen räumt er alles ab und bringt die Rechnung.

  웨이터는 주문을 받고, 식사를 차려준다. 식사 후 모든 것을 치우고 계산서를 가져다준다.

der Kindergärtner, - (남성) 유치원 교사
die Kindergärtnerin, -nen (여성) 유치원 교사
auf|passen auf +A ~을/를 돌보다
organisieren 기획하다
vor|bereiten, bereitete vor, hat vorbereitet ~을/를 (무엇을 할 수 있도록) 준비시키다

- Ein Kindergärtner passt auf die Kinder auf, organisiert Spiele und bereitet sie auf die Vorschule vor.

  유치원교사는 어린이들을 돌보며, 놀이를 준비하고, 초등학교 예비과정에 갈 수 있도록 준비시킨다.

---

der Krankenpfleger, - (남성) 간호사
die Krankenschwester, -n (여성) 간호사
pflegen 간호하다

- Die krankenschwestern pflegen Patienten.

  간호사는 환자를 돌본다.

---

der Lehrer, - (남성) 교사
die Lehrerin, -nen (여성) 교사
unterrichten 가르치다
korrigieren, korrigierte, hat korrigiert 고치다
erklären 설명하다

- Ein Lehrer unterrichtet Schüler in der Schule.
  Er korrigiert ihre Fehler und erklärt, wenn sie etwas nicht verstehen.

  교사는 학교에서 학생들을 가르친다. 학생들의 오류를 고쳐주고, 이해하지 못하는 것을 설명해 준다.

der Polizist, -en (남성) 경찰

die Polizistin, -nen (여성) 경찰

sorgen für +A ~ 에 신경을 쓰다

helfen bei + D, (hilft) half, hat geholfen (~을 하는 것을) 돕다

lösen 해결하다

- Polizisten sollen für die Sicherheit der Menschen sorgen, bei Unfällen helfen und Kriminalfälle lösen.

  경찰은 사람들의 안전에 만전을 기해야 하며, (교통) 사고가 발생하면 도와주어야 하고, 형사 사건들을 해결해야 한다.

---

der Sekretär, -e (남성) 비서

die Sekretärin, -nen (여성) 비서

beantworten 답하다

vereinbaren (Termine) 약속시간을 잡다

schreiben 작성하다

- Ein Sekretär macht die ganze Büroarbeit. Er beantwortet die Anrufe, vereinbart Termine und schreibt Briefe und E-Mails.

  비서는 모든 사무업무를 담당한다. 그는 전화에 응답하고, 약속시간을 잡으며, 편지, 이메일을 작성한다.

* der Termin, -e 예약 시간

der Taxifahrer, - (남성) 택시 운전기사
die Taxifahrerin, -nen (여성) 택시 운전기사
transportieren, transportierte, hat transportiert 운송하다
kassieren, kassierte, hat kassiert 징수하다

- Ein Taxifahrer muss Fahrgäste transportieren und Fahrgeld kassieren.

택시 운전기사는 승객을 태워주고 차비를 받아야 한다.

---

der Übersetzer, - (남성) 번역사
die Übersetzerin, -nen (여성) 번역사
übersetzen 번역하다

- Ein Übersetzer übersetzt verschiedene Texte in eine andere Sprache.

번역사는 다양한 글들을 다른 언어로 번역한다.

---

der Verkäufer, - (남성) 판매원
die Verkäuferin, -nen (여성) 판매원
beraten (berät), beriet, hat beraten 상담하다
zeigen 보여주다

- Ein Verkäufer zeigt den Kunden die gewünschte Ware und berät sie.

판매원은 고객에게 원하는 상품을 보여주고 상담한다.

## 13-2 Arbeiten
## 일하기

**[ Wo arbeiten die Leute? / 사람들은 어디서 일하나요?]**

in der Fabrik 공장에서

• Arbeiter arbeiten in der Fabrik.

노동자들은 공장에서 일해요.

bei der Zeitung 신문사에서

• Journalisten arbeiten bei der Zeitung.

기자들은 신문사에서 일해요.

bei der Deutschen Bahn 독일철도청에서

• Deutsche Bahnfahrer arbeiten bei der Deutschen Bahn.

독일 지하철도기관사들은 독일철도청에서 일을 한다.

* Bahnfahrer를 Lokführer 또는Lokomotivführer 라고도 한다.
* Deutsche Bahn은 고유명사임으로 "deutsch"를 대문자로 표기하지만 "deutsch"는 형용사이기 때문에 형용사어미 변화를 한다.

beim Fernsehen 방송국에서

• Kameramänner arbeiten beim Fernsehen.

카메라맨들은 방송국에서 일해요.

beim Film 영화사에서

• Schauspieler arbeiten beim Film.

배우들은 영화사에서 일해요.

beim Theater 연극장에서

• Bühnenbildner arbeiten beim Theater.
무대장치가들은 연극장에서 일해요.

in der eigenen Praxis/im Krankenhaus
개인병원에서/종합병원에서

• Ärzte arbeiten in der eigenen Praxis/im Krankenhaus.
의사들은 자신의 개인병원에서/종합병원에서 일해요.

in der Schule 학교에서

• Lehrer arbeiten in der Schule.
교사들은 학교에서 일해요.

bei der Bank 은행에서

• Bankangestellte arbeiten bei der Bank.
은행직원들은 은행에서 일해요.

im Büro 사무실에서

• Sekretärinnen arbeiten im Büro.
(여)비서들은 사무실에서 일해요.

im Café 카페에서

• Kellner arbeiten im Café.
웨이터는 카페에서 일해요.

im Geschäft/im Laden/im Kaufhaus 상점에서/백화점에서

• Verkäufer arbeiten im Geschäft/im Laden/im Kaufhaus.
판매원들은 상점에서/백화점에서 일해요.

im Krankenhaus 병원에서

• Krankenschwester arbeiten im Krankenhaus.

간호사들은 병원에서 일해요.

in der Küche/im Restaurant 주방에서/식당에서

• Köche arbeiten in der Küche/im Restaurant.

주방장들은 주방에서/식당에서 일해요.

im Supermarkt 마트에서

• Kassierer arbeiten im Supermarkt.

계산원들은 마트에서 일해요.

im Hotel 호텔에서

• Hotelfachleute arbeiten im Hotel.

호텔직원들은 호텔에서 일해요.

beim Rundfunk 라디오방송국에서

• Radiomoderatoren arbeiten beim Rundfunk.

라디오 진행자들은 라디오방송국에서 일해요.

zu Hause 집에서

• Hausfrauen arbeiten zu Hause.

주부들은 집에서 일해요.

an der Uni 대학교에서

• Professoren arbeiten an der Uni.

교수들은 대학교에서 일해요.

**[ Ich brauche einen Job! / 아르바이트가 필요해요!]**

arbeiten als +N ~로 일하다

• Ich arbeite als Aushilfe in der Küche eines Restaurants.
나는 어느 식당 주방에서 도우미로 일한다.

aus|tragen (die Zeitung)(trägt aus), trug aus, hat ausgetragen
(신문을) 배달하다

• Um sein Studium zu finanzieren, trug er jeden Morgen Zeitungen aus.
학자금을 벌기 위해 그는 매일 아침 신문을 돌렸다.

babysitten, babysittete, hat babygesittet 아이를 돌보다

• Jeden Tag babysittet Anna bei ihrer Nachbarsfamilie.
안나는 매일 이웃집에서 아이를 돌봐준다.

geben (Nachhilfe) in +D (gibt), gab, hat gegeben
~에게 과외수업을 해주다

• Heiko gibt Nachhilfe in Mathe und bekommt 20 Euro pro Stunde.
하이코는 수학 과외를 하고 시간당 20유로를 받는다.

jobben 부업을 하다, 아르바이트하다

• In den Ferien jobbe ich in einem Schnellrestaurant an der Kasse.
방학에 나는 분식집의 계산대에서 아르바이트를 해요.

* das Schnellrestaurant, -s 패스트푸드 식당

liefern (Pizza) (피자를) 배달하다

• Jeden Abend arbeitet Helen bei einem Pizza Lieferservice und liefert Pizzen.

헬렌은 저녁마다 피자 배달 전문점에서 아르바이트를 하며, 피자를 배달해요.

**[ Ich jobbe im Büro. / 사무실에서 아르바이트 해요.]**

ab|sagen (Termine) (약속시간을) 취소하다

• Ich muss oft für meinen Chef die Termine absagen.

나는 자주 상사 대신 약속시간을 취소해야 한다.

arbeiten (am Computer) (컴퓨터 작업을) 하다

• Die meiste Zeit arbeite ich am Computer.

대부분의 시간은 컴퓨터 작업으로 보낸다.

aus|füllen (das Formular) (양식을) 작성하다

• Ich muss viele Formulare ausfüllen.

나는 많은 서류양식들을 작성해야한다.

kopieren 복사하다

• Kopieren gehört auch zu meiner Arbeit.

복사하는 것도 내 업무에 속한다.

ordnen (das Dokument) (서류를) 정리하다

• Auf dem Schreibtisch herrscht immer Chaos. Niemand ordnet die Dokumente. 책상 위가 늘 엉망진창이다. 어느 누구도 서류를 정리하지 않는다.

quittieren 영수증/수령증을 쓰다

- Wenn Pakete kommen, dann darf ich sie auch quittieren?

  소포가 배달되면 내가 서명해도 되나요?

  * die Quittung, -en 영수증

---

schreiben (die E-Mail/den Brief), schrieb, hat geschrieben
(메일/편지) 쓰다

- Der Chef sagt morgens, welche E-Mails ich schreiben muss.

  아침마다 상사는 나에게 어느 메일을 써야 하는지 알려준다.

  * die/das E-Mail, -s 메일

---

telefonieren 전화하다

- Wenn der Chef morgens zur Arbeit kommt, dann telefoniert er erst einmal zwei drei Stunden.

  상사가 아침에 출근하면 우선 두 세 시간 통화 한다.

---

vereinbaren (Termine) (예약시간을) 정하다

- Termine müssen Sie mit meiner Sekretärin vereinbaren.

  예약시간은 비서와 정하셔야 합니다.

---

verschieben (Termine), verschob, hat verschoben
(예약시간)을 보류하다, 미루다

- Ich muss manchmal für meinen Chef die Termine verschieben.

  나는 가끔 상사 대신 예약시간들을 미루어야 한다,

zusammen|brechen (das Telefonnetz) (bricht zusammen), brach zusammen, ist zusammengebrochen
(전화선이) 먹통이 되다

• Durch einen technischen Defekt ist das Telefonnetz für kurze Zeit zusammengebrochen.
기술적인 하자로 인해 전화선이 한동안 먹통이 되었다.

* der Defekt, -e 결함, 하자

**[Ich will Geld verdienen und Karriere machen! / 돈 벌고 출세하고 싶어요!] [Dann solltest du erst einmal eine Arbeit suchen! / 그럼 취직부터 해!]**

jn an|stellen ~을 채용하다

• Man hat ihn neu angestellt.
그를 새로 채용했다.

jn an|stellen als +N ~을 ~로서 채용하다

• Man hat ihn als Experten für Nahost angestellt.
그를 중동전문가로 채용했다.

befinden für +A, befand, hat befunden ~을 ~라고 생각하다

• Die Kandidatin wurde für geeignet befunden.
이 여성지원자가 적격이라고 판단되었다.

sich bewerben bei +D um +A, (bewirbt sich), bewarb sich, hat sich beworben
(~회사 ~자리에) 응시하다, 지원하다

- Bis wann soll man sich bei der Firma um diesen Job bewerben?

  언제까지 회사에 이 일자리에 응시해야하지?

---

ein|stellen (Arbeitskraft) (근로자를) 채용하다

- Stellt die Firma dieses Jahr neue Arbeitskräfte ein?

  회사는 올해 새 직원들을 채용하나요?

* die Arbeitskraft, ¨e 인력, 노동력

---

haben (ein Vorstellungsgespräch) (면접시험을) 보다

- Morgen hat er ein Vorstellungsgespräch in der Firma.

  그는 내일 회사에서 면접시험을 본다.

---

lesen (eine Stellenanzeige) (liest), las, hat gelesen
(구인광고를) 보다

- Den ganzen Tag sitzt Lisa am Computer und liest nur noch Stellenanzeigen.

  리사는 하루 종일 컴퓨터 앞에 앉아 구인광고만 읽는다.

jm nützen ~가 필요하다, 유용하다

- Ich habe ein gutes Examen, ich bin klug, ich bin schön, aber das nützt mir alles gar nichts, wenn ich einen guten Job bekommen möchte.
  나는 졸업시험을 좋은 점수로 합격했고, 똑똑하고 예쁘다, 그러나 좋은 직장을 구할 때 이 모든 것이 다 소용없다.

nützlich sein für +A ~에 유용하다

- Fremdsprachenkenntnisse könnten für diese Arbeit nützlich sein.
  외국어지식은 이 일에 유용할 수 있을 것이다.

richten an +A ~에게 쓰다, 묻다, 청하다

- Richten Sie Ihre Bewerbung bitte an Frau Meier.
  당신의 지원서를 마이어 씨에게 보내세요.

schicken 보내다

- Schicken Sie mir Ihre Bewerbung spätestens bis Mittwoch!
  늦어도 수요일까지 나에게 당신의 지원서를 보내주세요!

schreiben (eine Bewerbung/einen Lebenslauf), schrieb, hat geschrieben (지원서/이력서를) 작성하다

- Er muss schnell die Bewerbung schreiben.
  Zu einer Bewerbung gehört natürlich auch ein Lebenslauf.
  그는 빨리 원서를 작성하여야 한다. 원서에는 당연히 이력서도 포함된다.

suchen (eine Arbeit) (일자리를) 찾으러 다니다

- Nach ihrer Berufsausbildung hat Olga lange nach einer passenden Arbeit gesucht.

  올가는 직업교육과정을 이수하고 오랫동안 적합한 일자리를 찾으러 다녔다.

sich verhalten (verhält sich), verhielt sich, hat sich verhalten
행동을 취하다

- Wie verhalte ich mich am besten in einem Bewerbungsgespräch?

  면접시험 때 어떻게 행동해야 제일 좋을까?

jm vermitteln ~에게 ~를 중개하다, 소개하다

- Mein Freund hat mir eine gute Arbeitsstelle vermittelt.

  내 친구는 내게 좋은 일자리를 소개해 주었어요.

## 13-3 Berufswelt
직업세계

**[ Wie schreibt man einen Lebenslauf?/ 이력서를 어떻게 쓰나요? ]**

| | |
|---|---|
| die Anschrift, -en | 현 주소/수령이 가능한 주소 |
| der Bereich, -e | 분야 |
| Berufsaufbildung | 직업교육 |
| Berufserfahrung | 경력 |
| der Familienstand (Sg) | 기혼 미혼 등의 신분정보 |
| der Führerschein, -e | 운전면허증 |
| das Geburtsdatum, -daten | 생년월일 |
| der Geburtsort, -e | 출생지 |
| geschieden | 이혼 |
| die Grundschule, -n | 초등학교 |
| das Gymnasium, Gymnasien | 인문계 고등학교 |
| Kenntnisse in (fundierte …) | ~에 관한 능력이 확실한, 튼튼한 |
| der Lebenslauf, ¨e | 이력서 |
| ledig | 미혼 |
| der Mitarbeiter, - | (남성) 직원, 동료 |
| die Mitarbeiterin, -nen | (여성) 직원, 동료 |
| die Mittelschule, -n | (한국) 중학교 |
| der Name, -n | 성명, 이름 |
| die Oberschule, -n | (한국) 고등학교 |
| die PC-Kenntnisse (Pl) | 컴퓨터 지식 |

| persönliche Daten (Pl) | 개인 신상정보 |
| --- | --- |
| das Praktikum, Praktika | 실습, 인턴십 |
| die Realschule, -n | 10년제 학교 |
| die Schulausbildung, -en | 학력 |
| die Staatsangehörigkeit, -en | 국적 |
| Studium | 대학과정 |
| verwitwet | 사별 |
| verheiratet | 기혼 |
| der Wehrdienst, -e / der Militärdienst, -e | 군복무 |

## Lebenslauf

**Persönliche Daten**

| | |
|---|---|
| Name | Anja Klein |
| Geburtsdatum/-ort | 22525 Hamburg |
| Anschrift | Bachweg 12 |
| Familienstand | verheiratet, 3 Kinder |
| Staatsangehörigkeit | deutsch |

**Schulausbildung**

| | |
|---|---|
| 1970-1974 | Grundschule in Winterhude |
| 1974-1980 | Realschule in Winterhude |
| 1980-1984 | Gymnasium (Abitur) in Winterhude |

**Berufsaufbildung**

| | |
|---|---|
| 1984-1988 | Ausbildung zur Krankenschwester |

**Berufserfahrung**

| | |
|---|---|
| Okt. 1988 - Okt. 1998 | Krankenhaus Hamburg |
| Nov. 1998 - heute | Krankenhaus Altona |
| | |
| Fremdsprachen | Englisch(B2), Italienisch (A2) |
| PC-Kenntnisse | Gute PC-Kenntnisse |
| Führerschein | Klasse B |

# Lebenslauf

## Persönliche Daten

| | |
|---|---|
| Name | Tobias Koch |
| Geburtsdatum/-ort | 33245 Bonn |
| Anschrift | Goethegasse 12 |
| Familienstand | ledig |
| Staatsangehörigkeit | deutsch |

## Schulausbildung

| | |
|---|---|
| 1995-1999 | Grundschule in Bonn |
| 1999-2008 | Gymnasium in Bonn (Abitur) |

## Studium

- seit Wintersemester
- Studium der BWL an der Universität Hamburg

## Praktikum

| | |
|---|---|
| Juli 2012-Aug. 2012 | Samsung in Bonn; |
| Nov. 1998 - heute | Mitarbeiter im Bereich Online-Marketing |
| | |
| Fremdsprachen | Englisch (C2); Französich (A2);<br>Koreanisch (A1) |
| Computerkenntnisse | Fundierte Kenntnisse in Word und Excel |
| Führerschein | Klasse BE |

**[Eintauchen in die Berufswelt / 직업세계로 빠져들다]**

| | |
|---|---|
| die Abteilung, -en | 부서 |
| der Arbeitgeber, -/<br>die Arbeitgeberin, -nen | 고용주 (사용자) |
| der Arbeitnehmer, -/<br>die Arbeitnehmerin, -nen | 피고용자 |
| der/die Arbeitslose, -n | 실업자 |
| die Arbeitslosenquote, -n | 실업률 |
| die Arbeitslosigkeit (Sg) | 실업 |
| der Arbeitsvertrag, ¨e | 근로계약 |
| die Arbeitszeit, -en | 근무시간 |
| das Einkommen, - | 수입 |
| die Entlassung, -en | 해고 |
| der Feierabend, -e | 퇴근 |
| das Gehalt, ¨-lter | 월급 |
| die Gewerkschaft, -en | 노동조합 |
| der Kollege, -n/die Kollegin, -nen | 동료 |
| die Krankenversicherung, -en | 의료보험 |
| die Krankschreibung, -en | 진단서 |
| die Kündigung, -en | 해고, 사표 |
| der Lohn, ¨e | 임금 |
| die Lohnerhöhung, -en | 임금인상 |
| die Lohnkürzung, -en | 임금인하 |
| der Mindestlohn, ¨-e | 최저임금 |
| die Mindestlohnerhöhung, -en | 최저임금 인상 |
| die Pension, -en | (공무원의) 정년퇴직 연금 |

| | |
|---|---|
| die Rente, -n | 정년퇴직 연금 |
| die Schichtarbeit, -en | 교대근무 |
| der Streik, -s | 파업 |
| der Tarifstreit, -e | 임금 협상 |
| die Teilzeitarbeit, -en | 시간제 (일) |
| der Urlaub (Sg) | 휴가 |
| die Vollzeitarbeit, -en | 정규직 (일) |

ab|schließen (Krankenversicherung), schloss ab, hat abgeschlossen (의료보험에) 가입하다

- Der Arbeitgeber muss für seine Arbeitnehmer eine Krankenversicherung abschließen.
  고용주는 자신의 직원을 위해 의료보험에 가입해야 한다.

ab|schließen (den Vertrag), schloss ab, hat abgeschlossen (계약을) 체결하다

- Johann hat gestern seinen Arbeitsvertrag abgeschlossen. Nun ist er überglücklich.
  요한은 어제 근로계약을 체결했어요. 그는 지금 너무 행복해요.

arbeiten (Teilzeit/Vollzeit) (시간제/정규직으로) 일하다

- Viele Frauen mit Kind wollen Vollzeit arbeiten.
  아이가 있는 많은 여성들이 정규직으로 일하고 싶어한다.

arbeiten (freiberuflich) (프리랜서로) 일하다

- Ingrid ist Journalistin und arbeitet freiberuflich.
  잉그리드는 기자이며 프리랜서로 일해요.

bekommen (einen Lohn), bekam, hat bekommen (보수를) 받다

• Der Arbeiter bekommt für seine Arbeit einen Lohn.
노동자는 자신의 노동의 대가로 보수/임금을 받는다.

bekommen (die Entlassung), bekam, hat bekommen
(해고를) 통지 받다

• Heute haben viele Mitarbeiter ihre Entlassung bekommen.
오늘 많은 직원들이 해고통지를 받았다.

entlassen (entlässt), entließ, hat entlassen 해고하다

• Wie viele Mitarbeiter will die Firma noch entlassen?
회사는 얼마나 더 많은 직원을 해고하려고 하는 것인가?

erhöhen (den Lohn) (임금을) 인상하다

• Die Arbeitgeber wollen den Lohn nicht erhöhen.
고용주들은 임금을 인상해 줄 마음이 없어요.

gehen (in Pension), ging, ist gegangen 정년퇴직하다

• Mein Vater ist Beamter und geht nächstes Jahr in Pension.
내 아버지는 공무원이시고 내년에 퇴직하신다.

krank schreiben, schrieb krank, hat krank geschrieben
진단서를 발급해주다

• Wenn der Arbeitnehmer krank wird und nicht arbeiten kann, sollte er sich vom Arzt krankschreiben lassen.
피고용자(근로자)가 아파서 일을 하지 못할 때에는 의사로부터 진단서를 발급받는 것이 바람직하다.

machen (Feierabend) 퇴근하다

• Was machst du nach Feierabend?

퇴근하면 뭘 하니?

* der Feierabend, - 퇴근(시간)

machen (Schichtarbeit) (교대근무를) 하다

• Gisela macht oft Nachtschicht, weil sie mehr Geld verdienen will.

기젤라는 더 많은 돈을 벌기 위해 자주 야간근무를 한다.

machen (Teilzeitarbeit/Vollzeitarbeit) (시간제 일을) 하다

• Frau Mies macht Teilzeitarbeit, weil ihre Kinder noch klein sind.

미스씨는 아이들이 아직 어려서 시간제 근무를 한다.

machen (Urlaub)/nehmen (Urlaub) (nimmt), nahm, hat genommen (휴가를) 내다

• Wie viele Tage im Jahr darf ein Arbeitnehmer Urlaub machen/nehmen?

근로자는 일 년에 며칠 휴가를 낼 수 있나요?

kündigen 사표를 내다

• Ich wurde ständig von meinen Kollegen gemobbt, da habe ich gekündigt.

나는 지속적으로 동료들로부터 왕따를 당했어요. 그 때 사표를 내버렸어요.

jn kündigen 해고하다

• Der Chef hat viele Mitarbeiter gekündigt.

상사는 많은 직원들을 해고하였다.

kürzen (den Lohn) (임금을) 삭감하다

- **Arbeitnehmer streiken, weil die Arbeitgeber ihre Löhne kürzen wollen.**
  사용자가 임금을 삭감하려고 하여 직원들이 그에 대항하여 파업을 하려고 해요.

kürzen (Sozialleistung) (사회보장금을) 축소시키다

- **Die Sozialleistungen wurden dieses Jahr schon wieder gekürzt.**
  사회복지비가 올해도 또 축소되었다.

streiken gegen +A ~에 맞서 파업을 하다

- **Die Arbeitnehmer streiken gegen die Entlassungen.**
  피고용자들은 해고에 맞서 파업을 합니다.

verlängern (den Arbeitsvertrag) (근로계약을) 연장하다

- **Mein Chef hat mir den Arbeitsvertrag verlängert.**
  나의 상사가 근로계약을 연장해 주었다.

**[ Macht dir dein Beruf Spaß? / 직업이 재미있니?]**

an|fangen (mit der Arbeit) (일/작업을) 시작하다

• Du kommst also später? Ich fang schon mal mit der Arbeit an.

넌 나중에 온다고? 나는 먼저 일을 시작할게.

an|setzen für +A/auf +A (das Meeting) (미팅을) 정하다

• Der Chefredakteur hat das Meeting für/auf neun Uhr angesetzt.

편집국장은 미팅을 9시로 정했어요.

arbeiten 일하다

• Beamte arbeiten samstags normalerweise nicht.

공무원들은 일반적으로 토요일에 근무하지 않는다.

sein (arbeietslos) 실업상태다

• Seit einem Jahr bin ich arbeitslos.

일 년 전부터 나는 일자리가 없어.

sich ärgern über +A ~에 대해 짜증내다, 화내다

• Ärgere dich nicht über deine Arbeit, sondern such dir eine neue!

네 일에 짜증내지 말고 새 일자리를 찾아봐!

auf|hören mit +D ~을 중단하다

• Was, schon 18 Uhr? Na, dann hören wir jetzt mit der Arbeit auf.

뭐, 벌써 6시라고? 자, 그럼 우리 지금 작업을 중단하자/이만 일을 마무리하자.

---

jn auf|klären über+A 누구에게 ~에 대해 해명하다, 밝히다

• Auf der Betriebsversammlung klärte die Geschäftsleitung die Angestellten über die wirtschaftliche Lage der Firma auf.

회사총회에서 경영진들은 사원들에게 회사의 경영상태에 대해 밝혔다.

---

auf|nehmen (die Arbeit)(nimmt auf), nahm auf, hat aufgenommen (일을) 시작하다

• Nach zwei Tagen nahmen die Streikenden die Arbeit wieder auf.

이틀 후에 파업자들은 일을 다시 시작했다.

* die Arbeit aufnehmen 일을 시작하다, 착수하다
* der/die Streikende, -n 파업자

---

auf|rufen (zum Streik) (파업을) 촉구하다

• Weil viele Mitarbeiter nur einen Hungerlohn verdienen, hat die Gewerkschaft zum Streik aufgerufen.

직원들이 입에 풀칠 할 정도의 임금만을 받기 때문에 노조는 파업을 촉구했다.

auf|steigen (beruflich)  (직장에서) 승진하다

• Er ist zum Abteilungsleiter aufgestiegen.
그는 과장으로 승진했다.

jm auf|tragen (trägt auf), trug auf, hat aufgetragen
~에게 지시하다, 명하다

• Sie hat mir aufgetragen, dich genau über diese Sache zu informieren.
그녀는 나에게 네게 그 일에 관하여 정확하게 알릴 것을 지시했다.

beantragen  신청하다

• Wer keine Arbeit hat, kann Arbeitslosengeld beantragen.
실직자는 실업수당을 신청할 수 있다.

jn befördern zu +D  ~을 ~로 승진시키다

• Sie wurde zur Abteilungsleiterin befördert.
그녀는 부장으로 승진되었다.

beginnen mit +D  ~을 시작하다

• Um wie viel Uhr beginnst du morgens mit der Arbeit?
아침 몇 시에 일을 시작하니?

sich bemühen um + A  ~을 위해 애쓰다

• Bitte bleiben Sie sachlich und bemühen Sie sich um eine faire und freundliche Diskussionsatmosphäre.
객관적인 입장을 취하셔서 공정하고 좋은 토론의 분위기를 위해 노력해 주세요.

bestimmen 결정하다

• **Die Chefin bestimmt, was gemacht wird.**
(여)상사가 할 일을 결정한다.

---

ein|teilen zu +D ~에 배치하다, 할당하다

• **Heute bin ich zum Abwaschen eingeteilt.**
오늘 나는 설거지하도록 배치되었다.

---

erledigen 처리하다

• **Kannst du diese Aufgabe bitte für mich erledigen?**
네가 날 위해서 이 임무를 처리해 줄 수 있겠니?

---

führen (Mitarbeiter) (직원을) 이끌다/지도하다

• **Ist er ein guter Chef? Führt er seine Mitarbeiter gut?**
그는 좋은 상사인가요? 그는 직원들을 잘 이끄나요?

---

herrschen (das Arbeitsklima) (작업환경) 조성되다

• **Jonas möchte in einer Firma arbeiten, wo ein gutes Arbeitsklima herrscht.**
요나스는 작업환경이 좋은 회사에서 일을 하고 싶어해요.

---

informieren 알리다, 정보를 주다

• **Bitte informieren Sie mich, wenn sich etwas Wichtiges ändert!**
주요사항이 변경되면 나에게 알려 주십시오.

sich krank melden 병결을 알리다

• Ich muss mich beim Arbeitgeber krank melden.
나는 회사에 병결을 알려야 한다.

---

kranken an +D ~에 앓고 있다, 결함이 있다

• Der Vorschlag krankt an mangelnder Ausgewogenheit.
이 제안은 균형감이 떨어지는 결함을 가지고 있다.

* mangelnd (mangeln의 현재분사) 부족하다, 결핍되다
* die Ausgewogenheit, -en 균형

---

leiten 관리하다, 이끌다

• Ich darf jetzt eine ganze Abteilung leiten. Ich bin Abteilungsleiter!
나는 지금 부서 전체를 관리해도 된다. 나는 부장이다!

---

lösen (das Problem) (문제를) 해결하다

• Probleme sind dazu da, gelöst zu werden.
문제들은 해결되기 위해 있는 것이다.

---

organisieren 계획하다, 준비하다, 기획하다

• Die Personalabteilung organisiert dieses Jahr den Betriebsausflug.
올해는 인사부가 야유회를 기획한다.

---

probieren 시도하다

• Ich werde mal probieren, ob das Gerät nun funktioniert.
기계가 이제 작동하는지 한 번 시도해 볼게.

protestieren gegen + A ~대해 항의하다/대항하다

• Die deutschen Ärzte haben monatelang gegen schlechte Arbeitsbedingungen in Krankenhäusern protestiert.
독일 의사들은 몇 달 동안 병원의 나쁜 작업환경에 항의했어요.

jm machen (zu schaffen) (etw macht jm zu schaffen)
누구를 괴롭히다

• Meine Arbeit macht mir ganz schön zu schaffen. Der Stress bringt mich um.
내 일이 나를 너무 힘들게 한다. 스트레스가 날 죽이겠어.

schließen (die Sitzung) (회의를) 마치다

• Ich glaube, wir haben nichts mehr zu besprechen. Wir können die Sitzung schließen.
내 생각에 우리는 더 이상 회의할 것이 없을 것 같다. 회의를 마쳐도 되겠다.

sich setzen (in Verbindung) (연락을) 취하다

• Bitte setzen Sie sich umgehend mit der Personalabteilung in Verbindung!
빠른 시일 내에 인사부와 연락을 취하십시오!

* umgehend 즉각

sein (erfahren) 경험자이다

• Er ist sehr erfahren. Er weiß, was er machen muss.
그는 경험이 많다. 그는 그가 뭘 해야 하는지 알고 있다.

stellen (einen Antrag) 신청하다, 서류를 제출하다

- Sie wollen Urlaub nehmen? Stellen Sie erst einmal einen Antrag.

  휴가를 내려고요? 먼저 신청을 하세요.

  * der Antrag, ¨e 신청(서)

überarbeiten 수정보안하다

- Bitte überarbeiten Sie den Bericht grundlegend!

  이 보고서을 근본적으로 수정 보완하세요!

  * der Bericht, -e 보고서

übernehmen (die Arbeit), (übernimmt), übernahm, hat übernommen (일을) 넘겨받다, 인수하다

- Mein Kollege ist krank, ich muss von ihm so viel Arbeit übernehmen.

  내 동료가 아프다. 그래서 그에게서 많은 일을 넘겨 받아야 한다.

unterschreiben, unterschrieb, hat unterschrieben 서명하다

- So, unterschreiben Sie das Formular bitte hier.

  자, 서류의 이곳에 서명하세요.

verbinden mit +D (유선상으로) ~와 연결시키다

- Bitte verbinden Sie mich mit der Serviceabteilung.

  서비스부서로 연결시켜 주세요.

verdienen (Geld) (돈)을 벌다

• **Wie viel Geld verdienst du im Monat?**

한 달에 돈을 얼마나 버니?

verfassen 쓰다, 작성하다

• **Verfassen Sie den Bericht bitte möglichst schnell!**

보고서를 가능한 한 빨리 쓰세요!

verweisen an+A, verwies, hat verwiesen
~에게 가도록 충고하다, 지시하다

• **Was Ihre Frage betrifft, so würde ich Sie gerne an Frau Müller verweisen; sie ist dafür zuständig.**

당신의 질문에 대해서는 뮐러씨에게 문의하시는게 좋겠어요. 그녀가 담당자입니다.

* zuständig sein für+A ~을 담당하고 있다

vor|schlagen (schlägt vor), schlug vor, hat vorgeschlagen
제안하다

• **Mein Chef hat mir vorgeschlagen, jetzt Urlaub zu nehmen. Den hätte ich nötig.**

사장님이 나에게 휴가를 내라고 제안했어. 휴가가 필요해 보인대.

* nötig 필요한

sich wehren gegen +A ~에 저항하다, 대항하다

- Natürlich kannst du dich gegen ungerechte Behandlung wehren!

  물론 너는 부당한 대우에 대해 대항할 수 있지!

  * die Behandlung, -en 대우, 취급

weiter|geben (gibt weiter), gab weiter, hat weitergegeben 전달하다

- Geben Sie bitte diese Information nicht weiter! Sie ist streng geheim!

  이 정보는 다른 사람에게 전달하지 마세요! 기밀입니다!

  * streng geheim 극비

weiter|leiten 전달하다

- Können Sie die Mail an Herrn Meier weiterleiten?

  이메일을 마이어씨에게 전달해주실 수 있어요?

sich wenden an +A ~에게 문의하다

- Wenn Sie Fragen haben, wenden Sie sich bitte an den Personalchef.

  질문이 있으시면 인사부 과장에게 문의하세요.

zurecht|kommen mit +D, kam zurecht, ist zurechtgekommen ~와 잘 해내다

- Ich komme mit meinem Chef nicht zurecht. Er ist so launisch.

  나는 내 상사에 못 맞추겠어. 그는 정말 변덕스러워.

zusammen|kommen, kam zusammen, ist zusammengekommen
집합하다

- Unsere Arbeitsgruppe kommt morgen zusammen und bespricht das Projekt.

우리 팀이 내일 모여서 프로젝트를 의논할 거에요.

zu|stimmen 동의하다

- Sie finden das neue Modell gut? Da kann ich Ihnen leider nicht zustimmen!

이 새 모델이 좋다고 여기신다구요? 저는 동의할 수 없어요!

**[ Ich will eine Firma gründen! / 회사를 창업하려고 해요! ]**

auf|nehmen (die Fabrikation) (생산을) 시작하다

- Die Firma hat die Fabrikation des neuen Sportwagens aufgenommen.

  자동차공장은 새 스포츠카 생산을 시작했다.

  * die Fabrikation, -en 제조, 제작

aus|fallen (die Maschine) (fällt aus), fiel aus, ist ausgefallen (기계가) 멈추다

- Da die Maschinen ausgefallen sind, kann heute nicht produziert werden.

  기계가 정지되는 바람에 우리는 오늘 생산을 할 수가 없어요.

jn beschäftigen ~을 고용하다

- Die Firma beschäftigt viele Mitarbeiter.

  회사는 많은 직원들을 고용하고 있다.

exportieren 수출하다

- Die Firma exportiert in 30 Länder.

  회사는 서른 개의 다른 국가로 수출을 해요.

gründen (eine Firma) (회사를) 세우다, 창립/창설하다

- Der Unternehmer hat letztes Jahr seine eigene Firma gegründet.

  그 사업가가 작년에 자기 회사를 세웠다.

handeln mit +D ~로 거래하다

• Die Exportfirma handelt mit Gemüse.

그 무역회사는 야채를 거래하고 있어요.

impotieren 수입하다

• Die Firma importiert Elektrogeräte.

회사는 전자제품을 수입해요.

machen (sich selbstständig) 자영업을 시작하다

• Mit 40 wurde Ernst arbeitslos. Da hat er sich selbstständig gemacht.

마흔에 에른스트는 실업자가 되었어요. 그 때 그는 자영업을 시작했어요.

produzieren 생산하다

• Diese Firma produziert so schöne Autos wie sonst niemand in der Welt.

이 회사는 이 세상의 그 누구보다 더 멋진 차를 만든다.

verarbeiten 가공하다

• In unserer Firma verarbeiten wir Eisen und Kupfer.

우리 회사에서는 철과 구리를 가공한다.

**[Wie sollte eine Führungskraft sein? / 경영자는 어때야 할까요? ]**

| • *Eine Führungskraft…* | *경영자는…* |
|---|---|
| • darf seine Mitarbeiter nicht mobben. | 직원들을 왕따 시키면 안 된다. |
| • darf seine Mitarbeiter nicht schikanieren. | 직원들을 괴롭히면 안 된다. |
| • sollte seine Mitarbeiter loben. | 직원들을 칭찬하는 것이 좋다. |
| • sollte seine Mitarbeiter motivieren. | 직원에게 동기를 부여하여야 한다. |
| • sollte zu allen Mitarbeitern gerecht sein. | 모든 직원들에게 공평/평등하여야 한다. |
| • muss Führungskraft haben. | 리더십이 있어야 한다. |